魚食文化の系譜

松浦勉・越智信也・
西岡不二男・村田裕子
著

雄山閣

魚食文化の系譜

松浦勉・越智信也・
西岡不二男・村田裕子
著

雄山閣

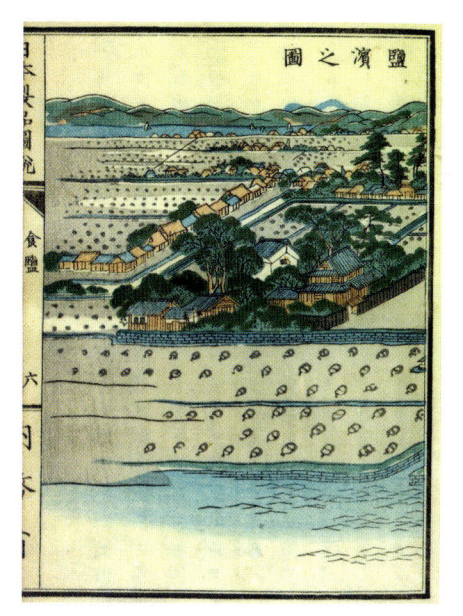

高島村塩濱之図
(『日本製品図説　食塩』高鋭一編　内務省　明治10年　34丁　24cm　より)
　現在の徳島県鳴門市の高島は江戸時代から鳴門塩田の中心地であった。

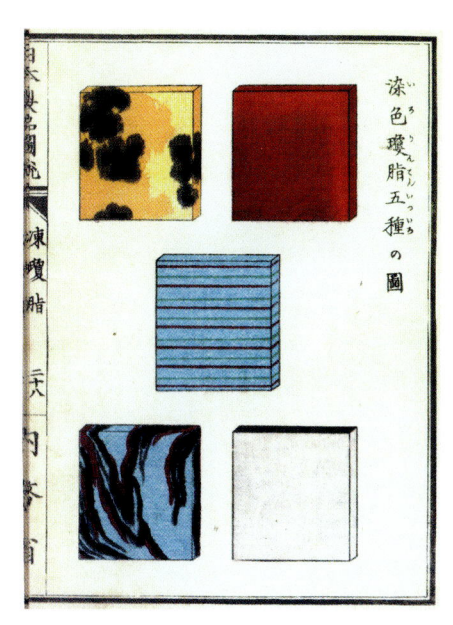

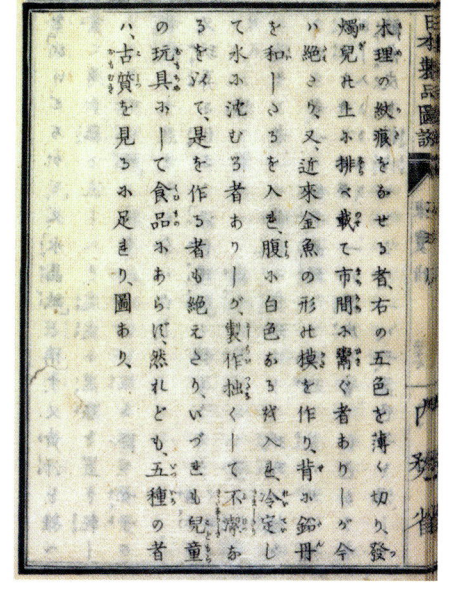

染色瓊脂五種の図
(『日本製品図説　昆布凍瓊脂』高鋭一編　内務省　明治10年　43丁　24cm　より)
　食用の寒天のほかに、この画のような玩弄に供える「染色瓊脂」も作られていた。玩弄用の染色には蘇木、鉛丹、銅録などが使われた。

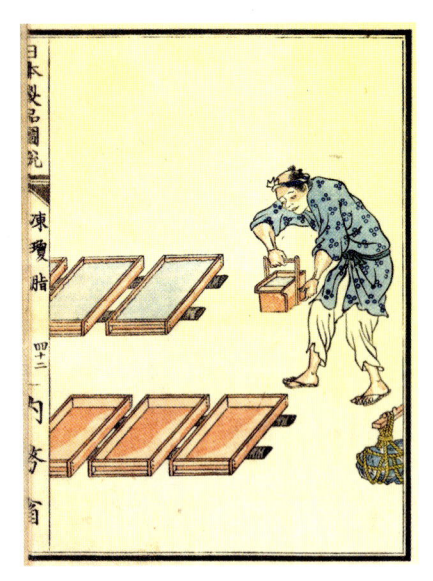

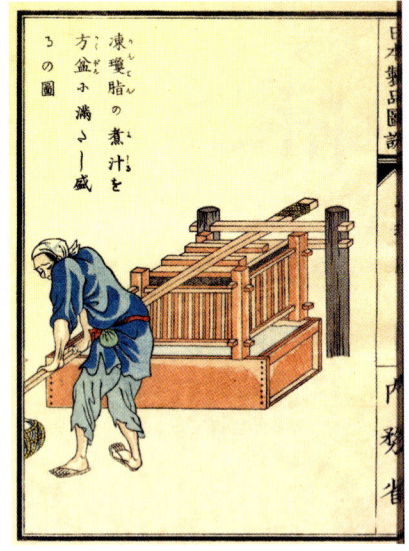

凍瓊脂の煮汁を方盆に満たし盛るの図
（『日本製品図説　昆布凍瓊脂』高鋭一編　内務省　明治10年　43丁　24cm　より）
　寒天の製造過程の図。原料は海藻のてんぐさ。

香魚の図
（『日本製品図説　香魚編』高鋭一編　和綴じ稿本　作成年不明　60丁　24cm　より）
　主に鵜飼について記されている。絵写は内海帆平。

『日本製品図説』
　明治6年に開催されたオーストリア博覧会（ウィーン万国博覧会）に初めて公式参加するため、明治政府は出品する物産製品を全国から収集した。以来、外国に日本の物産製品を紹介し名価を得、輸出の増大に役立ってきたが、製品を著述したものがなかったため、明治10年、内務省は全国から収集した物産製品の解説書『日本製品図説』を作った。製品の解説が丁寧であり、画を狩野雅信らが描いているたいへん美しい解説書である。

木葉鰈（左）、鎧鰈（右）
（『日本水産製品誌』農商務省水産局編　水産書院　大正2年－　より）
　木葉鰈はたくさんの稚鰈を竹または縄に通して、淡乾させたもの。

鯵腹開
（『日本水産製品誌』農商務省水産局編　水産書院　大正2年－　より）
　腹開きは関東地方で多くおこなわれた製法。腹開きし臓腑を出し血汁を洗った後、一夜塩漬けして、塩汁を洗い流して簀上に並べて乾燥させたもの。

鰓刺鰻（鰓刺鱸）
（『日本水産製品誌』農商務省水産局編　水産書院　大正2年－　より）
　九州地方（特に豊後）の名産。鰻を一夜塩漬けし、鰓から口へ串を刺し、清水で洗浄した後、竿棚に掛けて数日間干したもの。

『日本水産製品誌』

　明治時代に農商務省水産局が編纂した『日本水産誌』三部作の1つである。食用・肥料・工用・薬用の水産製品とその製造について、『延喜式』や『本朝食鑑』といった古の書物から『中外水産雑誌』など当時の最新の書物まで広く古今の書物を調査し引用するとともに、一方で全国各地の実地の見聞、実物の調査にも力を入れて編纂された。
　なお、『日本水産誌』はほかに『日本水産捕採誌』『日本有用水産誌』があったが、『日本有用水産誌』は公刊されないまま関東大震災で焼失したといわれている。

鰹節製造場
(『熊本県漁業誌　下巻』熊本県農商課　明治23年　27ｃｍ　より)
　　第三回内国博覧会（明治23年）に際し、熊本県が作成した漁業誌。県内の漁具漁法がモノクロの美しい絵とともに解説されている。「鰹節製造場」は＜釣具-手釣-鰹節＞の項に掲載されている。

品川沖汐干狩ノ図
(重宣画　作成年不明（幕末か？）　12.7×74ｃｍ)
　　二代目広重の初期の作品と思われる。遠浅の品川の海岸と楽しげな汐干狩りの様子が描かれている。
　　右の図版と左の図版を並べ連ねる２枚１組の横長の錦絵である。

黒鯛・小鯛に山椒
(『さかなつくし』大黒屋　明治44年　図版7枚　24cm　より）

　明治44年に作られた画帖で、歌川広重の「魚づくし」から7図が収録されている。「魚づくし」はもともと江戸時代に狂歌摺物として作られたようである。鱗の一枚一枚までわかる精緻な魚類画に、狂歌や狂歌合の採点などが書かれている。

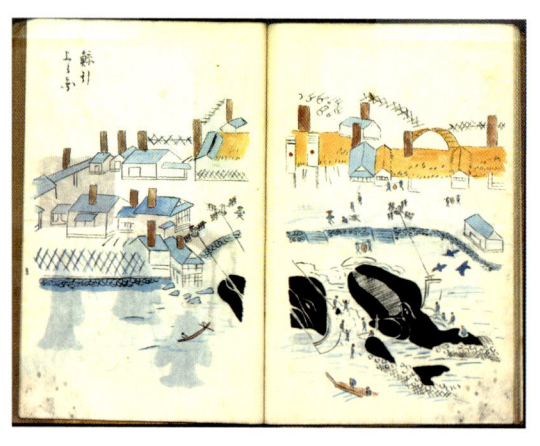

鯨引上る図
(『肥前唐津鯨捕りの記』豊秋亭里遊著　大谷穐次郎写　天保11年　36丁　25cm　より)
　江戸時代の捕鯨は、「鯨組」という大きな組を作り船団を組んで鯨を捕り、捕った鯨の加工までもしていた。この絵は捕獲した鯨を陸近くまで引き寄せ捌いているところである。

鯨供養の図
(『肥前唐津鯨捕りの記』豊秋亭里遊著　大谷穐次郎写　天保11年　36丁　25cm　より)
　捕鯨地では、人に恩恵を与えてくれた鯨の冥福を祈り供養をした。こうした地域には、鯨塚、鯨墓、鯨寺などがあり、捕獲した鯨や寄せ鯨の霊を弔い、鯨の恩恵に感謝するとともに、捕鯨の安全と豊漁も祈願する信仰があった。

『肥前唐津鯨捕りの記』
　『小川嶋鯨鯢合戦』(豊秋亭里遊著　天保11年)を昭和12年に大谷穐次郎が筆写した写本である。『小川嶋鯨鯢合戦』は肥前国唐津藩呼子の古式捕鯨を合戦に見立てて、文と絵で勇壮に描いたものである。

『鯨史稿』　(写本)
(大槻清準著　西武男写　作成年不明)
　『鯨史稿』の写本。『鯨史稿』は江戸時代後期に仙台藩学校養賢堂学頭大槻清準によって著された全国各地の捕鯨に関する本である。6巻からなる。この図は鯨を陸近くまで引き寄せ捌いているところである。

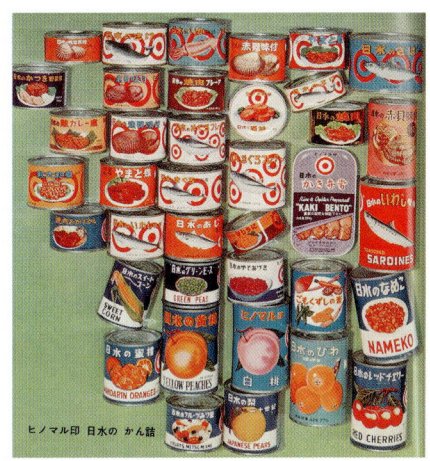

『日本水産50年史』から
(日本水産株式会社　昭和36年　非売品)
　日本水産株式会社は明治44年創業の水産・食品会社である。ニッスイのブランド名で知られている。

祭魚洞文庫

　昭和初期から戦後にかけて活躍した実業家渋沢敬三（1896—1963）が収集した文庫である。漁業、水産業、魚を中心に収集され、その他に農業、民俗学、地方史なども含まれている。渋沢敬三は財界での仕事のかたわら、少年時代から関心を持っていた動物学や民俗学の研究を続け、渋沢自身が調査してまとめた『豆州内浦漁民史料』では日本農学賞を受賞した。また、アチックミューゼアム、日本常民文化研究所などをつくり、研究者の支援にも尽力した。

　現在、渋沢が収集した資料のうち、祭魚洞文庫の中の水産に関するものは（独）水産総合研究センター中央水産研究所図書資料館に、古文書類は国文学研究資料館に、水産以外の民俗学関連資料は流通経済大学図書館に収蔵されている。また、民具など有形資料の多くは国立民族学博物館に収蔵されており、研究機関である日本常民文化研究所は神奈川大学日本常民文化研究所として引き継がれている。

　祭魚洞の祭魚とは魚を捕っても食べずに並べて見て楽しんでいるカワウソの故事に因んだものである。

解説: 鈴木信子（水産総合研究センター中央水産研究所図書資料館）

掲載資料の収蔵一覧

『日本製品図説　食塩』	水産総合研究センター中央水産研究所（祭魚洞文庫）
『日本製品図説　昆布凍塤脂』	水産総合研究センター中央水産研究所（祭魚洞文庫）
『日本製品図説　香魚編』	水産総合研究センター中央水産研究所（祭魚洞文庫）
『日本水産製品誌』	水産総合研究センター中央水産研究所（祭魚洞文庫）
『熊本県漁業誌　下巻』	水産総合研究センター中央水産研究所（祭魚洞文庫）
『さかなつくし』	水産総合研究センター中央水産研究所（祭魚洞文庫）
『品川沖汐干狩ノ図』	水産総合研究センター中央水産研究所（祭魚洞文庫）
『肥前唐津鯨捕りの記』	水産総合研究センター中央水産研究所（祭魚洞文庫）
『鯨史稿』（写本）	水産総合研究センター中央水産研究所（祭魚洞文庫）
『日本水産50年史』	水産総合研究センター中央水産研究所（祭魚洞文庫）
『諸家通用即席料理魚類之部』	水産総合研究センター中央水産研究所（祭魚洞文庫）

はじめに

　人にとって食事は楽しいひと時である。色鮮やかなマグロの刺身の盛り合わせなどご馳走を目の前にすると、幸福な気分になり、お腹一杯食べた時の充実感は何物にも代え難い。テレビでも、アワビやフカヒレなど高級食材や珍しい材料を使った料理やグルメ番組、大食い競争などは、食料資源の浪費であり、遣り過ぎで理不尽だと思いながら、つい引き込まれて見てしまう。
　現在の日本を見ると食料不足は起きないし、世の中にはもっともっと美味しいものがあるに違いないという気にさせられるだけでなく、珍しい物を求め好奇心が掻き立てられる。しかし、歴史的に見れば、飢饉は私たちのすぐ側にあった。天明3年の大飢饉では餓死者が推定で2万人とも8万人とも言われている。昭和8年の大凶作時には人身売買が頻発したと記録されている。最近でも、平成5年の凶作では、タイ王国や中国から260万トンもの米を緊急輸入したことがあるなど、食料生産は天候など自然現象に左右され常に不安定さがつきまとうものである。
　日本周辺で豊富とされる水産物ですら、変動する原因は乱獲、魚種交代、レジームシフトなどさまざまな説があり解明されていない。日本の漁業・養殖生産量は昭和59年には1,282万トンあったものが、平成19年には570万トンに漸減し、現在も低位で推移している。先進国では飢餓が起こりえないというのは錯覚であり、現代でも凶作や飢饉が起こり得ることを知っておかなければならない。
　現在の世界は新興国や発展途上国の経済発展に伴い、各国間で食料資源を巡る争奪が既に起きており、世界の食を取り巻く環境が急激に変貌しつつある。日本でも一部の水産物では国際価格が上昇して輸入できなくなる、いわゆる「買い負け」現象が起きるようになり、経済が不安定になれば食料の安定供給がおぼつかなくなる。日本国民は自国の食料自給率が低下し、伝統的日本型食生活が静かに劣化しつつある状況を冷静に見つめる必要がある。日本は魚食文化を基礎に、安定した食料資源を確保することを真剣に考える時

期に来ているのではないか。

　こうした中で、本書は「温故知新」という言葉があるように、まず日本の食文化、特に、太古から身近で漁獲され利用されてきた魚介類を基本とする有用な食文化の形成過程を辿（たど）りたい。また、将来の日本の魚食文化の行く末、活魚のみならず保存食や加工食品を巧みに組み合わせ、日本人が美味しく食べ、健康で安定した豊かな人生を過ごすためには何をどうなすべきかを、長期的な視点から俯瞰し考える一助としてまとめた。

　構成として、第1章では、日本が歴史の中で育んできたさまざまな魚食文化の特徴について述べた。第2章では、原始・古代から江戸期までの日本沿岸域に依存した魚食文化の変遷を、歴史学の視点から辿った。第3章では、明治期から200海里体制前後までの水産加工業の発展期を、食品科学の視点から紹介した。第4章では、200海里体制前後から現在に至る世界的な水産物消費の拡大期を、水産経済学の視点から分析した。第5章では、水産物の持つ健康機能や有用性を紹介するとともに、日本の魚食文化の展望について触れた。また、本文の記述の理解を深めるための一助として、魚食文化年表と江戸期の一般的な即席魚料理をあわせて付記した。

　本書関係者らは、魚食文化の歴史的経緯を記した本書が、持続的な日本漁業や水産物利用のあり方について考えるきっかけや、参考としていただけたらそれに勝る喜びはない。

目　次

はじめに　1

第1章　日本の魚食文化の特徴 ――――――――――――5
1．魚はウオ、イオと読むべきでありサカナとは読めない ――6
2．複雑な漁場環境による魚食の多様化 ――――――――9
3．鯛の浜焼きと製塩技術の歴史 ―――――――――――13
4．フグ毒にも恐れなかった日本の魚食文化 ―――――――17
5．カツオにみる魚食の変遷とパック化で蘇った鰹節 ―――22

第2章　原始・古代から近世までの魚食文化の変遷 ――25
1．「すし・天ぷら・うなぎ・刺身」の源流 ――――――――26
2．縄文時代の漁労と魚食 ――――――――――――30
3．『延喜式』にみる水産加工品とアジア ―――――――33
4．殺生禁断と日本料理の形成 ―――――――――――39
5．京都・大坂・江戸の発展と魚市場 ――――――――44
6．鰹節、鮪節の製法と三陸地方 ―――――――――――48
7．捕鯨と鯨食 ―――――――――――――――――55

第3章　水産加工業の発展の足跡 ―――――――――65
1．輸出立国へと導いた生糸、缶詰、そして真珠 ――――66
2．世界で最も低い温度規格を持つ日本製の冷蔵庫 ――71
3．東シナ海漁業と小田原かまぼこの繁栄 ―――――――74
4．冷凍すり身の開発と北洋漁場 ―――――――――――77
5．世界中で食されているカニ棒風味かまぼこの誕生 ――80
6．ビキニマグロと魚肉ソーセージ ―――――――――――84
7．100万トン台の大台を突破したかまぼこ製品 ―――――87
8．マグロの尾部切断が日本の魚食文化を世界の食文化にした ――89

第4章　貿易に支えられる魚食文化 ―――― 95
　1．世界養殖生産量の大部分を占めるアジアと世界各国の魚食 ―― 96
　2．日本の食用魚介類自給率の向上 ――――――――――――― 102
　3．日本の輸入御三家はエビ、マグロ、サケ ――――――――― 104
　4．国産水産物の輸出拡大と日韓刺身文化の共有 ――――――― 109
　5．国内水産物の価格低迷と買い負けへの対応 ――――――― 114

第5章　水産食品のすばらしさと魚食文化の展望 ―――― 117
　1．長寿社会を築いた米と魚 ――――――――――――――― 118
　2．白身魚・赤身魚・中間身魚のおいしさ ―――――――――― 121
　3．食の安心・安全と高品質な養殖魚 ―――――――――――― 128
　4．うま味の発見と味の化学 ――――――――――――――― 131
　5．東京湾の主要漁業と内湾漁場の再生 ――――――――――― 142
　6．急速に進む魚離れと都市漁村交流を通した食育活動 ―――― 145
　7．水産物争奪時代における東アジア流通圏の形成 ―――――― 149

魚食文化年表　151

付録『諸家通用即席料理　魚類之部』　159

参考文献　173

おわりに　178

索　引　180

第1章　日本の魚食文化の特徴

1．魚はウオ、イオと読むべきでありサカナとは読めない

　脱亜入欧を標榜した明治政府は、学校教育の充実を図る中で教科書作りを急いだ。教科書を都道府県に自由に作らせたために地方名や当て字が多く見られ、魚名だけでも300以上に達したそうだ。国定教科書の必要性を痛感した政府は標準名と漢字化に着手した。漢字の基本である六書（象形、指事、会意、形声、転注、仮借）に精通し、漢字だけで専門書が書ける専門家を全国から集めて編纂を急いだ。しかし、地方名がなくなることへの抵抗は強く、国定教科書ができるのに20年近くも歳月を要した。

　鯛という漢字に決めたのは書きやすくて憶えやすいためだが、鎌倉時代から武士が好んで使った棘鬣魚（きょくりょうぎょ）にこだわり、六書に適った漢字であるとして一歩も引かなかったそうである。釣り上げた時の鯛の形相は全ての鰭（ひれ）を立ており、棘の鬣（たてがみ）を持つ魚である。また、切り取った背びれに鯛の擂り身を付けて焼いたかまぼこが人気料理であったこともその理由になったようである。魚名は書きやすくて覚えやすくするため、漢字を2文字以内にするとの原則が作られた。「鬣」と言う漢字は馬や獅子などのたてがみに限定し、魚のひれには「鰭」と書く別の漢字を当てるとして説得したそうである。

　ここで生まれた漢字には酒菜（さかな）、鰤（ぶり）の他に銀行や櫻などがあるし、漢字で書けば誤解される場合はバカガイ、ミシマオコゼ等のようにカタカナで書くとした。

　酒菜は魚のナマスや刺身が酒の席に不可欠の采だと考えてのことだし、中国でも鮭菜と書くことを配慮したためだ。即ち、稲とコメの場合と同様で、生きてる魚をウオと呼び、死んだらサカナと呼ぶことにした。

　鰤という漢字は呉音でシと読み、毒魚や老魚の意味を持つが、そのことを承知でブリの漢字に当てたのは旬が師走にあることを万人に知ってもらいたいためである。ブリは九州の南端で生まれ、日本列島沿いに日本海側と太平洋側を北海道まで北上する索餌（さくじ）回遊と、再び南下する産卵回遊を繰り返す魚だ。ブリと呼ぶのは不意の客、即ち、久しぶりの魚の意である。その証だが、列島沿岸の多くの県が県魚に指定し、地方名が多く残っている魚である。し

かし、漢字は鰤の一文字だけであり、どこの県でも師走になると高値で売買される魚である。

バカガイとカタカナで表記したことだが、江戸時代には幕張付近の海岸で最も多く採れた貝であったことを東京湾漁場図（図1-1）で知ることができる。和漢三才図会には斧足（ふそく）をだらしなく垂らすので馬鹿、時々バカ採れするので馬鹿貝とする他に、江戸期に多く産したのは馬加（現在の幕張）であり、馬加貝と呼んだのがバカガイになったと記してある。

馬鹿は第1級の差別用語であり、改名や変名が許された。馬加も誤解される字として認められ、現在の幕張の字に変えたのは明治19年の県や市町村の改変を行った際である。マクハリガイと呼ぶことも検討したが、バカ採れする貝としてその名を残したそうである。

ミシマオコゼは、晩秋の築地市場を訪れると多く見かける魚である。沼津地方の沿岸で多く取れた魚であり、顔はオコゼに似るものの背びれには毒がなく、オコゼとはまったく無縁の魚である。そして、この魚を沼津地方ではミシマジョロウと呼んでいた。沼津港は太平洋側沿岸航路の寄港地であり、

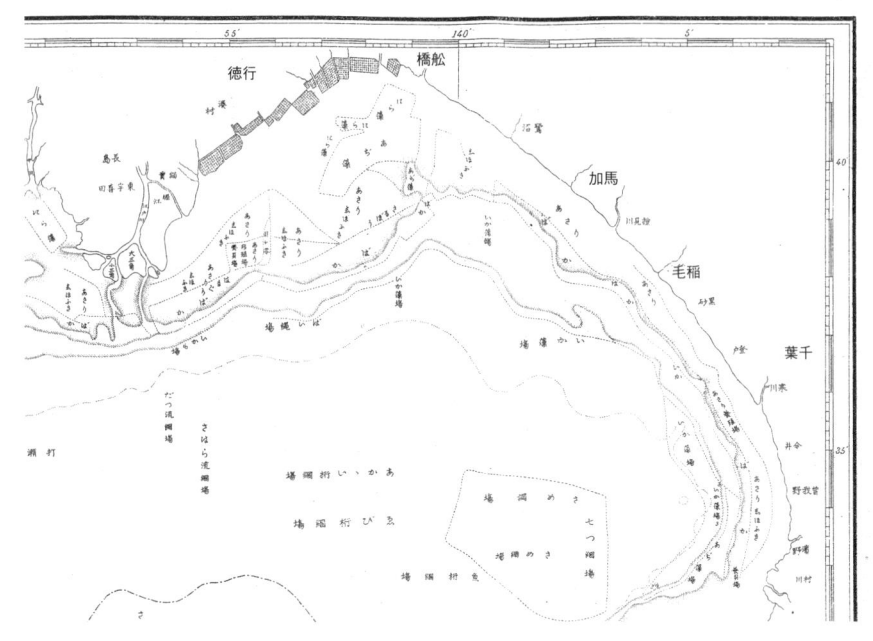

図1-1　東京湾漁場図（明治41（52）版、明治24測量、千葉県資料館）

ミシマジョロウの魚名は全国に広まったため、社会問題にまで発展してしまった。三島は宿場町であり、古くから政府公認の遊郭もあった。そこで働く遊女さんたちはこの魚を見聞するたびに、我慢ができなくなり、迷惑千万極まりなしと魚名の変更を代官所へ願い出たのである。遊女さんたちの抗議を聞き入れ、ミシマジョロウをミシマオコゼに変えた上にカタカナ名にしたそうである。

　明治天皇は大の魚好きで、中でもコイ科のヒガイを好んで食べたようだ。それだけの理由で、漢字にある鰉（大きな魚の意）をヒガイと読むようにしたようである。

　第二次世界大戦が始まり戦況が厳しくなると、カタカナ名をすべて漢字名に書き換えろとの軍令が発せられ、六書に基づかない当て字も復活した。また、戦後は合理主義という新たな思想の下に、先人達の労作の多くが見直され、酒菜のように消えていったのである。

　合理主義は教育現場にも浸透した。教科書に描かれている酒菜屋の看板とその店先で売られている魚との一致性が問題になり、酒菜と言う漢字を魚にすべきだとの意見が強まった。米は稲穂を刈取った後の果実の名であると同様に、生きた魚は「ウオ」や「ギョ」と読むべきであり、死んだ魚をサカナとは読めないとして、多くの文学者は肴をサカナに当てて頑張った。だが、その抵抗も長くは続かず、国語審議会も魚をサカナと読めるようにしたし、動植物名は可能な限りカタカナで表記するとして今日に至る。

　かくして酒菜と言う漢字はこの世から消滅したのであるが、明治天皇の個人的理由で鰉をヒガイと読む国字が今でも使われているのは釈然としない。横道にそれるが、造字癖が最も強かったのは漢方医の安藤昌益だそうである。反骨精神に富み、階級社会に肯定的な儒教や仏教が好んで使う言葉を用いずに、注記を付しながら造字、造語を頻繁に用いたそうである。

　合理主義に徹することも結構だが、長い間培ってきた魚食文化を反故にするような考え方は見直すべきである。魚や鯛には酒菜や棘鬣魚とも書くなど書き添えてもらいたいと熱望する一人である。

　銀行という漢字だが、通貨を作るための銀座は江戸時代からあったが、銀行ができたのは明治になってからである。中国はシルクロードを通じて貨幣基準の異なる多くの国々と交易しており、円滑な通商を促進するための銀行

のようなものは古くから存在していた。それを銀行と呼ぶようになったのがいつなのかは不確かだが、中国は西洋文明の波を17世紀と19世紀の二度にわたって受けている。最初の波で生まれた銀行や温帯などの漢字は、蘭学者たちが持ち込み、電気、国会などの漢字は教科書作りに携わった人達が持ち込んだ。しかし、中国で1984年に発刊した『漢語外来詞詞典』では日本起源と記載しているそうだ。

　小国日本がバルチック艦隊を打ち破ったことは、中国を含むアジアの多くの国々が快挙と評価し、日本に学べとアジアの多くの国々から留学生が殺到した。中国からの留学生は数万人規模に達し、日本で使われている漢字を好んで用いたし、それらの資料を本国へ送った。その結果、銀行や熱帯などの多くの漢字を日本生まれと誤解してしまったようだ。

　サクラに櫻（ユスラウメ）の字を当てたのも勇断だと評価している。結論から言うと、ユスラウメ以上に多くの花を付けるソメイヨシノは江戸末期に東京で生まれた。大島桜と吉野櫻との交配種だが、見事な花を咲かせるので、多くの県が競うように植えた。一方のユスラウメは中国原産で古くに持ち込まれたが、サクラは日本古来の樹木であり、中国には少ないようだ。また、貝原益軒や小野蘭山が櫻をユスラウメと読み、サクラに罌桃、桜桃や罌を当てたのは李時珍の本草綱目に習ってのことである。

（西岡不二男）

２．複雑な漁場環境による魚食の多様化

　日本の国土は、４つの大きな島により構成され、南北に長い海岸線に取り囲まれている。北方から寒流に乗ってやってくる魚と、南方から暖流に乗ってくる魚の双方が合流する日本周辺海域には、季節ごとに異なった回遊魚が来遊し世界有数の漁場が形成される。

　日本は、中国や韓国より北に位置しているにもかかわらず暖流の影響を直接受けるので、沿岸域に冷水が滞留する中国や韓国よりも水温が高いことが多く、地域ごとの魚種組成の変化が大きい。

　日本の周辺海域は、太平洋側、日本海側、瀬戸内海等内湾の３つに区分す

ることができる。太平洋側は、黒潮と親潮の影響を強く受け、イワシ、サバ、カツオなど回遊性浮魚の資源量が多く、大中型まき網漁業（平成17年の太平洋側における漁労体数は全国の62％を占める、以下同じ）が盛んである。日本海側は対馬海流とリマン海流が流れ、太平洋側に比べると流量や流速が弱く回遊性浮魚の資源量が少ないが、底魚やカニ類が日本海に広く分布し、沖合底びき網漁業（日本海側の漁労体数は全国の58％）が盛んである。また、瀬戸内海（宇和海を含む）では静穏域を利用した魚類養殖（瀬戸内海の魚類養殖生産量は全国の52％）が盛んである。

　太平洋側では、江戸時代には沖縄県から東北地方までの多くの漁村で沿岸かつお釣漁業が行われていたが、明治末期に動力漁船が操業するようになると遠洋かつお・まぐろ漁業が発達した。日本近海は世界でもまれなほど、マイワシ、カタクチイワシ、サバ、アジ、スルメイカなどの沿岸性浮魚資源に恵まれている。これらの魚種は資源量の変動が大きいという欠点を持っているが、合計漁獲量が比較的安定している。特にマイワシ資源は自然変動が激しく、昭和59年には418万トン漁獲されたが、平成17年にはわずか2.8万トンに減少した。マイワシがとれなくなると代替魚が現れ、サバ、カタクチイワシなどが増加する。

　日本海側の沖合底びき網漁業について、地域ごとの漁船規模をみると、北海道（漁船トン数が125〜160トン、以下同じ）、青森県〜新潟県（15〜35トン）、石川県〜京都府（15〜55トン）、兵庫県・鳥取県（66〜95トン）、島根県・山口県（75トン）であり、近接していても地域ごとの船型の格差が大きい。底びき網漁法は島根県・山口県が2そうびき、他の府県では1そうびき（かけまわし）である。府県ごとに漁獲される主要な魚介類も、青森県のホッケ、秋田県のハタハタ、山形県のアマエビなど大きく異なっている。福井県のエチゼンガニ、京都府のタイザガニ、鳥取県のマツバガニは、いずれも正式名称がズワイガニであり、各府県が地方名をつくりブランド化している。以前は二束三文であったが、現在では商品価値が高くなった魚種も多い。ノロゲンゲはコラーゲンを大量に含むため、ウマヅラハギは肝臓が珍重されるようになったため、アンコウは鍋料理用消費量の増加により、ハタハタは秋田県での漁獲量減少をきっかけとして、それぞれ価格が上昇した。

　ヨーロッパでは、従来、タラ類、ニシン、カレイ類などが主要な魚種であ

り、シシャモやサバなどは経済的な価値が低く食用として利用されずフィッシュミールにされることが多かったが、日本への食用魚としての輸出をきっかけに評価が高まってきた。山口県下関漁港に水揚げされる沖合底びき網漁業の漁獲物は約160魚種に及び、鮮魚や練製品原料魚として販売されており、フィッシュミールとしての利用はほとんどみられない。

　また、日本の内湾、特に東京湾、伊勢湾、瀬戸内海は、生産性が高く中高級魚介類を大量に生産していた上に、世界に先駆けて海面養殖業が発達した。しかし、戦後、これらの内湾は工場立地などのため大規模な埋立等が行われ、漁場環境が大幅に改変されようとした。この当時、これらの内湾では、収益性の高いノリ養殖が盛んに行われていたこともあり、漁業者が埋立等に強く反対し漁業の存続を求めたため、埋立後も環境保全がある程度図られるものになった。その結果、日本の内湾漁業は大都市のど真ん中にあっても漁業活動を維持しているのが特徴である。内湾湾奥にある漁村、例えば、東京湾の船橋市や伊勢湾の桑名市の漁村は、江戸時代には本浦であったり、武士から漁業に転業した人々の末裔であり、現在も専業漁業者の数が多い。

　日本人は今でこそ誰でもが魚食を享受しているが、魚介類が広く農山村にまで普及し、多くの人々が日常、ごく当たり前に魚を食べられるようになったのは、昭和30年代に入ってからである。日本では、魚種によって地域別の嗜好や消費量が異なっている。特に底魚は生息分布範囲が狭いので漁獲される海域が限られることから、地域により魚種別消費の変化が大きい。浮魚は回遊範囲が広いため広域にわたり漁獲されるので地域別消費の変化が小さいが、漁場別の漁獲方法や魚体脂肪分の変化に対応して、利用や消費形態に比較的強い地域性が認められる。例えば、イワシ類は北海道以南で漁獲され、北海道では主にフィッシュミールの原料となり、本州では直接食べられることが多い。

　日本の代表的な正月魚として、東日本ではサケが、西日本ではブリが賞味されている。日本海側では大体糸魚川あたりを境とし、その東側がサケ消費圏、西側がブリ消費圏であるといわれている。ブリの消費量は北陸地方が最も多く、新潟県佐渡島、富山県、石川県などでは定置網によりブリが漁獲されている。また、富山湾で獲れた寒ブリは古来塩漬けにしたものが長野県内の山中に広く運ばれて「飛騨ブリ」として賞味され、長野県もブリ消費圏に

属している。また、東日本では正月魚として、伝統的にサケを利用する家庭が多いようである。

しかし、昭和40年代以降、養殖ブリの生産量が増加するようになると、養殖ブリの消費が全国的に拡大するようになった。かつてブリの消費量は、北陸と中国・四国で多かったが、養殖ブリ生産量の増加に伴い東京市場を中心に販路を伸ばし、関東から東北・北海道まで売り先を広げて全国商品となった。一方、国産サケは従来塩蔵サケの消費が主体であり、東日本を中心に消費されていた。しかし、米国産等の天然サケやノルウェー・チリ産の養殖サケが国内で流通されるようになると全国的に消費量が増加し、輸入サケは近畿・中国から四国・九州にも販路を拡大し、全国商品になった。

秋谷（2006年）によれば、1979年では、生鮮サケ（輸入サケ）購入量が生鮮ブリ購入量より優勢な地域は、北海道と東北の２地域だけであった。なかでも、中国、四国、九州の３地域では、生鮮ブリ購入量が生鮮サケ購入量の10倍以上であった。しかし、４半世紀後の2004年には、中国、四国では生鮮サケ購入量が生鮮ブリ購入量と肩を並べるようになった。関東、東海、近畿、沖縄の４地域では、「ブリ食いの優勢な地域」から、「サケ食いの優勢な地域」への転換が起きていると述べている。全国的に、生鮮ブリよりも生鮮サケの消費の方が優位になっているようである。

「秋田名物八森はたはた、男鹿では男鹿ぶりこ」と秋田音頭が唄われる。「ぶりこ」とはハタハタの卵のことである。ハタハタは底魚であるが、漁場が秋田沖に限られているわけではなく広く日本海に分布し、冬期にこれといった魚もない秋田では、ハタハタが重要な食料資源になった。秋田県のハタハタ漁獲量は、昭和38～50年まで連続して１万トンを越えていたが、51年以降急激に減少し、平成3年にはわずか70トンに激減した。このため、秋田県では、平成４年10月から７年６月までハタハタを全面禁漁にした。

しかし、秋田県民は38年以降の高度経済成長期にハタハタを大量に県内消費していたため、県内の漁獲量が減少したからといってハタハタの魚食を直ちにやめるわけにはいかなかった。ハタハタが全面禁漁になっても、需要量が減ることはなく、秋田県のハタハタ消費量は年間４千トン程度と推定された。杉山（1997）によると、この当時の日本国内のハタハタの漁獲量は、北海道が２千トン、鳥取県と兵庫県で２千トンと少なかったため、不足分を韓

国や朝鮮民主主義人民共和国（北朝鮮）から輸入した。秋田県は今やハタハタの生産県ではなく、消費県になった。日本の、いや、世界のハタハタは秋田県を中心に動いている。ハタハタは、北海道や鳥取県あたりで漁獲されても秋田県の名産であり、地方色豊かな魚の一つである。

　一方、沖縄県は海に囲まれた島国でありながら、昔から魚の消費量が少ない。沖縄県の食文化は中国の食文化の影響を強く受けており、魚よりも豚肉の消費量の方が圧倒的に多い。現在でも、水産物消費はあまり増加していないが、脂の多いサンマの消費が増えている。

　長崎（1991）によると、魚の生産・消費に地方色があれば、当然、魚の処理法、食べ方にも地方色がある。昔からの魚の加工法としては、寒冷な北海道、東北地方では素干しが多い。みがきにしん、かずのこ、こんぶ、するめ、棒だらなどである。北国では塩が十分利用できなかったので、天日だけで干す素干しが唯一の加工法であったためである。一方、関東以西の太平洋側では湿度が高く素干しができないが、塩が利用できたため、塩干品が多い。アジ、サバ、イワシの干し物などがこの例であり、東海地方に多い。日本海側は日照が少ないが塩が利用できたため、塩辛が多く、寿司も盛んにつくられた。

　コールドチェーンの整備が進み高鮮度な輸入水産物の増加により、全国的に消費水準が平準化する魚種がみられる一方で、地域性の高い魚種や加工品も生産されており、魚食文化の地理的特性は依然として大きいものがある。

（松浦勉）

3．鯛の浜焼きと製塩技術の歴史

　象や鹿だけでなく、蝶までが水のにじみ出る山肌の土に群がる映像を目にするし、人間も汗の多い夏場にはより多くのミネラルの摂取を心がけている。塩を英語でサルトというが、サラリー（給料）の語源であり、古代ギリシャ時代には兵士へ塩が給料として支払われていた。日本にも「敵に塩を送る」という名言が戦国時代に生まれ、上杉謙信は正々堂々とした戦いを求め、塩が不足する甲斐の武田陣へ塩を送って兵士の健康管理を気遣った。

その真相は別にして、ミネラルは人間の体の機能を円滑に働かせるために塩分を多く摂取すると高血圧になることが明らかになって以降、塩は砂糖や脂肪と同様に悪者扱いをされている。厚生労働省が掲げる1日の塩分摂取目標は10グラム以下と極めて低いのに対し、無気力者を増やすだけだとの批判の声が多いのも事実である。
　体内に多く存在するミネラルはカリウム、リン、ナトリウムなどで、いずれも0.1％以上存在している。体重60kgの成人男子には食塩だけでも60g以上含まれているが、1日に10g程度の補充で十分だとする厚生労働省の摂取指針に不安を感じる。
　薄い味噌汁や減塩醤油で食べる刺身は、不味いことで有名な病院食と同じだと思う。塩が吹き出てくるほどにこんがりと焼いたタラコや鮭は、切り身の美味さだけではない。塩で白くなった皮や鰭を箸で丁寧に除くと、小麦色にこげた鰭や皮が現れ、口に入れると生臭みが見事なまでに消えている。魚だけでなくゆで卵もそうだが、澄んだ塩味は魚や卵の繊細な味を引き出し、電気信号となった味を舌の味蕾（みらい）細胞が受け止め、神経線維を経て脳の味覚野へと伝える。味が脳に伝わるのには0.3秒ほどの時間を要するが、神経細胞のナトリウムチャンネルが正常に機能するために、食塩が重要な働きをしている。
　アマゾン盆地北部に住むヤノマモ族は無塩文化を持ち、1日の食塩摂取量が1グラム以下というから驚きであるが、好戦的民族としても有名である。ナトリウムチャンネルが正常に働いていない証ではないかと危惧している。
　澄んだ塩味とは塩化ナトリウムの純度のことで、99％以上が理想的だが、イオン交換膜と電気透析を併用する現在の製塩法では容易なことである。だが、高純度では塩の角が強すぎるという意見もある。漬物用の塩では、1％前後の塩化カルシウムや塩化マグネシウムが存在すると、塩の角が取れてまろやかな味になると好評を博している。90年間続けた塩の専売制を平成9年に廃止して以降、海水から得る天然塩がブームになっている。小規模の塩田が多く復活したが、輸入した岩塩をそこの海水に溶かして鹹水（かんすい）を作っているのが実態のようだ。岩塩や死海のような高濃度塩水を持たない日本は、海水からの製塩事業に頼らざるを得なかった。
　海水の塩分濃度は3.5％程度であり、このうち食塩は2.5％存在するが、苦

味が少ない澄んだ塩味の食塩を得るためには収量を2％以下に抑えなければならず、それを実現したのが赤穂の塩である。

　赤穂の塩が完成したのは安土桃山時代である。海岸地域で多く出土する素焼の土器（師楽式土器）は海水を煮詰めて塩を得るための煎熬(せんごう)土器であり、縄文後期からの使用なので、赤穂の焼き塩が出現するまでに千年近くの歳月を要した。

　海水には多くのミネラルが含まれており、煎熬する過程で次々に析出（沈殿）する。最初に沈殿するのは微量の酸化鉄であり、次に析出するのが炭酸カルシウムと硫酸カルシウムの石膏である。その次に析出するのが食塩だが、収量を多くするとその後に析出する硫酸マグネシウムや塩化マグネシウムの苦汁成分を多く含むようになる。特に、塩化マグネシウムは強い吸水性を持つので、塩を長時間保存すると空気中の水分を吸って粒状の塩がゾル状に変化する。それを防ぐために生まれたのが焼き塩技術で、塩化マグネシウムを高温で焼いて無水化し、水に溶けにくくして苦味や潮解性を防いだ。焼き塩は一世を風靡し専門店がいたる所に誕生したが、塩の精製技術が高まるのに伴って消えていった。

　海水を煮詰めて塩を得るために要する熱量は、海水1トンで25×10^9Kcalであり、石炭に換算すると約300トンと大量である。製塩事業は膨大な熱量の他に過酷な労働力をも必要とした。人力とは濃縮海水（鹹水）を得るために海水を砂浜に汲み上げる作業と、鹹水を含んだ砂を煎熬場へ運ぶ作業のことだが、蒸発率を高めるために気温の高い夏場の炎天下で盛んに行われた。過酷な汲み上げ作業を避けるために生まれたのが、潮の干満差を利用する方法である。干潮の際に堤防を築いて水門を作り、満潮の際に海水を取り入れて死海と同様の海水湖を造る方法で、干満差の大きい瀬戸内海沿岸の塩田が積極的に採用した。しかし、この入浜式塩田にも広い海岸域を占有し、鹹水を含んだ砂を運ぶという問題が依然として残った。その点を克服したのが流下式と枝条架を組み合わせた塩田で、狭い塩田で高濃度の鹹水を製造することが可能になった。

　昭和35年頃のイオン交換膜の出現で、石炭の使用量は大幅に減ったし、塩の純度も大幅に改善されたが、海水から鹹水を作る作業だけは残り、竹の枝を幾重にも組み上げた枝条架を讃岐地方の海岸で多く見かけた。しかし、岩

塩を使うようになった昭和50年頃にはその姿も見られなくなった。岩塩が赤いのは粘土や好塩菌の色であり、鹹水で繰り返し洗えば白い食塩になる。

　大規模な入浜式塩田は日本には残存しないが、赤道付近の国々では天日製塩が今でも盛んに行われており、最大規模の塩田はメキシコにある。グレロネグロはカルフォルニア半島の中央部のセバスティアン・ビスカイバ湾にあり、砂漠化が進む中で農業を営む町としても有名である。鹹水を作るためには常夏などの気象条件の他に、海水の水質も重要である。

　グレロネグロの広大な塩田は近くに大きな河川がなく、二酸化珪素を多く含んだ花崗岩質の石英や長石からなる砂浜（鳴き砂）の他に、さんさんと輝く太陽と風などの天然燃料となる気候に恵まれている。

　奈良時代には日本国内に多くの塩商人が存在していた。塩がない内陸部へ向かって、塩の道が全国に張り巡らされ、平安時代中期には完成し、税を取るための関所が随所に作られたようだ。徴収が容易なために税率は年を追って重たくなり、重税を逃れるための知恵が随所で生まれた。竹細工の節を抜いて塩を入れるなどの他に、飛騨ぶりや豊橋ちくわで見るように食品にもその知恵が及んだ。

　富山湾で捕れたブリは内臓や鰓（えら）を除けば塩がたっぷりと入る空間ができるし、豊橋のちくわにも竹の芯を抜き取ると多くの塩を入ることができる。肉の保存には塩が有効で、常温下でも10日間程度可能である。食品に塩を加えて運ぶことが長い間続いたのは、関所役人が保存性の効果を認め寛容な態度で臨んだからであろう。

　三公社五現業は国営企業であり、民間企業の参入を強く制限したので大きな収入があり、役人天国と揶揄される巨大な組織であった。製塩業もその中の一つであり、平成9年に廃止されるまで、民間の参入を規制して利益を独り占めにしていたのである。

　最後に煎熬に使った松について述べる。本州、四国、九州の多くの海岸では松林だけがやたらと目に付き、羽衣伝説を彷彿させる。若い樹齢の松は砂防のために植えられたものが多いが、樹齢数百年の松には当てはまらない。樹齢数百年の松は製塩業の残影を示しており、製塩を廃業したり燃料として使われなくなったために生き延びてきたことを物語っている。

　師楽式土器で海水を煎熬するための燃料には、海岸に自生する雑木林の小

枝や落ち葉が使われてきた。しかし、油分を多く含む松の方がより有効だと判ってからは、松を積極的に植えて製塩用の燃料にした。赤松の方がより多くの油分を含むが、潮風に弱いので黒松になったし、御所に赤松が多いのはより多くの灯明を必要としたからであろう。

　黒松が門松に使われるようになったのは平安時代のようだ。新年を祝う門木は当初榊(さかき)の木であったが、黒松が清め塩を作るための必需品になってからはその座を奪われた。塩作りは戦国時代にもっとも盛んになり、海岸にはそれまで以上に黒松が植えられた。また、鹹水を煎熬する塩釜は、粘土で焼き固めた花崗岩を鉄枠で保護しひび割れを防いだため、1トン近くの鹹水を一度に煎熬できるものが出現した。その結果、塩は生産過剰になり、効率の悪い塩田は廃業を余儀なくされ、江戸末期には石炭の出現により廃業が更に加速されて、瀬戸内の十州塩だけが生き残った。海岸に残る松はその過酷で厳しい塩作りの歴史を物語っているが、羽衣伝説などの美名の前に、真の姿がかき消されてしまっている。

（西岡不二男）

4．フグ毒にも恐れなかった日本の魚食文化

　「雪のふぐ鮟鱇の上にたたんとし」は蕪村が詠んだ句だが、冬になると食べたくなるのがフグ料理である。大きな伊万里皿特有の紋様が透けて見えるほどに薄く切り並べられたフグの薄作りやちり鍋は、どれを取ってみても冬の王様にふさわしい料理である。これほどまでに有毒なフグを好んで食べる民族は世界に類を見ない。その理由は毒を持つフグに恐れをなして逃げるのではなく、フグの美味しさを多くの国民に知ってもらいたいとの願いで挑み続け、安心・安全な食品とするための料理法を確立したことにあると高く評価したい。命を犠牲にしながら導き出された独特の調理技術や歴史的試食の中で生まれた名句などがその足跡を物語っている。調理には免許が必要とされ、最初に包丁が入るのは頭の先端からであり、出血を避ける解体技術は見ていても飽きがこない。一方の名句名言だが、その美味さ一死に値するなり、フグは食いたし命は惜しい、命の洗濯ができた、鉄砲鍋などの名句はフグ食

に関するもので今でも多く耳にする。

　現在の日本はフグ食許可国であり、世界に類を見ないが、明治時代までは他国と同様にフグ食を禁止していた。日本近海には約50種のフグが生息し、その内の30種が食用可能だが、その頂点にあるのがトラフグであり、価格もずば抜けて高い。しかし、食通に言わせると、もっとも美味いのはヒガンフグだそうである。彼岸の頃に産卵のために接岸するのでその名が付いたが、三陸沿岸を除いて筋肉だけが食用を許可されている。

　下関はトラフグの有名な産地で、フグの肝を味噌汁の具として用いる食習慣があった。味噌汁が庶民へ普及するのは室町時代だが、具に使う麩は高価な品であり、庶民の口へ入ることはなかった。麩の誕生は古いが、生産性が低く、高僧や宮中への供給に留まった。麩の主成分は小麦中のグルテンであり、グルタミン酸が持つほのかな甘味が特徴である。グルタミン酸はグルテンに多く含まれるアミノ酸であるゆえにその名が付けられたが、コンブのうま味アミノ酸であることを明らかにしたのは日本人である。フグ肝のうま味はグリコーゲンやベタイン（トリメチルグリシン）が発する甘味で、麩よりも甘いが、猛毒のテトロドトキシンが多く含まれることがある。

　日本でフグ食禁止令を最初に発したのは豊臣秀吉のようだ。秀吉は茶人としても有名であり、韓国の陶芸家が作る茶器を好み、韓国を領地にしたいとの野望を抱いたようだ。1592年に朝鮮出兵を始めて秀吉が死ぬまでの6年間出兵が続けられ、送り出した武士は数十万人に達したが、多数の武士が集合先の福岡や下関でフグの食中毒で命を落とした。そのことに憤慨した秀吉はフグ食禁止令を直ちに発した。江戸時代になってもフグ食による死亡事故が多発するので、江戸幕府は更に厳しい罰（武士の家禄の没収）を付してフグ食禁止令を徹底し、明治政府も県条例として発令した。県条例になった理由は定かでないが、大分県や石川県が強く反対したにもかかわらず、フグが獲れない多くの県が賛成した。山口県や福岡県が受け入れたのは、朝鮮出兵の際に多くの死者を出した地であることの後ろめたさの他に、明治政府の設立に強く関与しており、トラフグの本場であっても禁止法に反対できなかったものと推察する。だが、数年後にはその禁止令が破られた。破ったのは長州出身の伊藤博文であり、フグ食復興の立役者になった。里帰りした総理はフグの美味しさに改めて気づき、知事にフグ食禁止令の解除を進言したのであ

る。

　フグ食が最初に復活したのは山口県だが、総理の発言は重く、一県だけにとどまらず多くの県が追従した。その結果、トラフグやマフグの刺身や鍋料理がいたる所で復活し、さらにはふぐ料理専門の板前さんが出現して全国へと広まった。だが、フグ食禁止法を発した明治政府にも面子がある。フグの販売取締法と調理法の指定を発しなさいと、おひざもとの東京都へ強く命じたのである。以来、フグを含めたあらゆる食品に関する県条例がもっとも厳しい地位を東京都は維持している。

　フグに関する最も古い書籍は紀元前400年頃に出た「山海経」であり、そこには「鮄魚（ふぐ）之を食えば人を殺す」とある。世界各国がフグ食を禁止してきたが、魚食民族としての誇り高き日本国民はその言葉に屈しなかった。フグの美味しさを味わうための術を巧みな包丁さばきの中に見出し、フグの美味しさを心の底から楽しんでいる。

　大分県や石川県が反対した理由は、猛毒と言われるフグの肝や卵巣を古くから食べてきたことにある。歓迎のためにと大皿に盛られたフグの肝臓料理が出されたので、「サバフグの肝ですか？」と尋ねたら、「正真正銘のトラフグの肝です。」と怒ったように答えが返ってきた。大分へは講演のために来たのであって、死ぬために来たのではないと怒るようにやり返した。すると、主催者は急ににこやかな顔になって次のように説明してくれた。

　この肝は全てトラフグの物で大分県では昔からこのようにして食べておりますが、幸いなことに死者は一人たりとも出ておりません。肝臓を食べることが許されているのは全国でも大分県だけです。魚通の人が来られるとトラフグの肝料理を出して来客を歓迎するのが、昔からの慣わしになっております。しかし、県内ではこのように食べられても、県外への発送は許されておりませんと説明してくれた。貴重な体験に感激したことを昨日のように覚えている。

　石川県には更に猛毒を持つ卵巣の料理がある。福井県は魚の糠漬けが有名だが、石川県へもその技法は伝わっており、フグの卵巣を糠漬けにして一年間寝かせるとふぐ毒は無毒化するとして、古くから食されてきた。製造工程で糠を数回取り替えるので、その間にふぐ毒が希釈されるなどの諸説があったが、石川県衛生試験場が繁殖する細菌により無毒化されることを明らかに

し、平成9年から県外流通も可能になった。

　フグ毒に関する研究は江戸時代に遡るが、盛んになったのは明治時代からで、犬や猫が実験材料に使われた。実験材料が犬猫からマウスに代わり、毒力をマウスユニット（MU）で示すようになってからは、さらに詳細な研究が可能になった。皮、肝臓、卵巣などの部位に分けて食の可否が判定されたし、フグ毒の化学構造が解明されてテトロドトキシンと命名された。食用可能なフグは昭和58年現在で30種、筋肉、皮、精巣などの部位指定があるものの、これだけの種類のフグを食用化している国は他に例を見ない。

　フグの美味しさだが、イノシン酸とグリコーゲンが作り出す繊細な旨味や食感は日本人の求める味覚である。伊万里焼の紋様が浮かび上がるほどに美しく並べられた薄造りは、フグの細い筋が歯に挟まるのを防ぐための板前さんの心遣いでもある。

　能登半島の氷見はトラフグ産卵地の一つである。富山で勤務した際、釣りには良く出かけたが、時に釣れる20センチ前後のトラフグを持ち帰り、刺身は勿論、皮や肝も捨てずに食べたが、毒化した肝に出会う確率は20％程度と低かった。

　テトロドトキシンが神経毒であり加熱しても無毒化しないことを承知の上で食べたのは、神経痛の痛み止めとしての服用であった。吉益東洞は万病一毒説を唱え、毒を用いて毒を征すとの信念に基づき、劇薬を好んで用いたことで有名だ。フグ毒は神経痛の痛み止め以外の効果があり、数日間は体に疲労感を覚えないし軽快な動きができるので、フグ肝のサウナ効果と勝手な名前をつけている。

　肝の調理法と食べ方だが、肝の血液を丁寧に抜き取ってから薄味で煮付け、少量を口にして毒味する。苦味があれば小躍りして喜び、蘇東坡の言に従って、嘗めるようにして食べ、舌を噛んでも痛みを感じなくなったら止めることが肝要である。中国の詩人蘇東坡こと蘇軾は食通としても有名で、豚の煮込み料理の東坡肉は彼の創作とされているようだが、河豚（そとうば）（当時の中国ではフグを河川で漁獲していた）についても「事文類聚」で次のように述べている。

　　子肝在＿資善堂＿嘗与﹅、人譚＿河豚之美＿者云也、直那＿死其美可﹅知
　その美味さが一死に値するとはいささかオーバーな表現だと思う。しかし

肝臓の血抜きを丁寧に行うと、毒化した際の苦味と無毒の際の甘味が誰にでも区別できようになるし、燗酒のよき友であり、酒菜という言葉の意味をしみじみと味わうことができる絶品である。麩以上に甘いので、味噌汁の具に好んで用いられたことも納得できるが、公に味わうことができないのが残念な時代である。

　山口県の衛生研究所はフグの食中毒症状を4段階に分け、1度は数時間以内に唇や舌が軽く痺れる。2度は激しく嘔吐し坐っておれない他に言語障害や呼吸困難をきたす。3度は運動機能の麻痺とチアノーゼの症状を示す。4度は意識が激しく混乱し呼吸と心臓が停止するとしている。薬用効果が現れるのは1～2度の間であり、舌を嚙んでも痛みを感じなくなったら食べるのを止めることさえ厳守すれば、前述したような薬用効果が期待できる。

　ふぐ毒の名医は山中に居るとの言葉が生まれた訳は、そこにたどり着くことができるまで持ちこたえたら、後は自然に回復することを意味している。坂東三津五郎氏が死んだのは、出された数人分の肝をもったいないとして一人で食べたことにあったし、それ以降、東京都の監視はさらに厳しくなった。築地市場周辺の料理屋では馴染み客になると、今日はどうですかと店主の方から声がかかったが、今では注文しても勘弁してくださいと丁重に断わられてしまうだけである。ふぐ料理の許可証を持たないと調理ができないだけでなく、記録を徹底すると同時に、肝臓や卵巣などは鍵の付いた容器に入れて管理し、焼却場に運ばれるまで開封できないという徹底振りである。

　最後にフグの毒化機構について説明する。フグ毒は、これまでフグの体内で生産されると考えられてきたが、大きな間違いのようだ。フグ毒を作るのはビブリオ、スタヒロコッカス、バチルスなどの海洋微生物であり、これらの細菌が寄生するヒラムシ、ヒモムシ、ヤムシなどをフグが好んで食べるためという、体内濃縮説が提唱された。そこから先の推理が面白い。皮膚、肝臓、卵巣などを毒化するのは、敵から逃れるための遊泳力が弱いフグが、自らを毒化して食べられるのを防ぐためであるとしている。確かに、堤防でミイラ化しているのはフグだけだと感心させられる次第である。

（西岡不二男）

5．カツオにみる魚食の変遷とパック化で蘇った鰹節

　カツオは日本から遠く離れたメラネシア周辺海域で産卵し、フィリピン、日本列島を経てカムチャッカ半島付近まで北上してからUターンし、メラネシアへ向けて南下する魚である。従って、日本列島はカツオの群れに2回遭遇することになる。脂の少ない北上群は5月頃に現れて「上りカツオ」と呼ばれ、脂の多い南下群は10月頃に現れ「戻りカツオ」と呼んで親しまれてきた。

　カツオを漢字で鰹と書くのはなまり節のように堅くしてから食べなさい、生で食べると毒（ヒスタミン中毒）であるいう意味に由来する。カツオを生で食べるようになったのは鎌倉時代の鎌倉で始まったと推定している。徒然草の119段には「鎌倉の海で、鰹という魚は、あの辺では無上のものとして近来は賞味されている。地元の老人の話だが、若い頃には身分の高い人の前には出なかったし、頭は下男でさえも切り捨てて食べなかった。そのような魚でも世が末になると上流社会へ入り込むものである。」とある。江戸時代になると一般庶民の間で醤油が普及し刺身も食べられるようになる。中でもカツオの刺身は特別であり、初夏になると、江戸の人々はカツオを話題にし、高い初鰹を賞味した。そして、「女房を質においても初鰹」と詠まれるほどの人気魚になる。

　戦国時代に遡るが、煎り米は軽くて腐りにくいので武士の携帯非常食になったが、鰹節も同様で、なまり節を焚火でいぶした荒節は軽くて腐りにくいので戦場での非常食になったし、勝男武士に通じるとして武士達が好んで携帯した。

　江戸期の天下泰平の時代には多くの調味料が完成に近づき、庶民文化が大きく開花する。武士が威張っていたことに変わりはないし、彼らが好んで食べる煎り米やカツオの刺身に町人の目が向くのも自然の成り行きであった。

　宮下（1996）によると、江戸期には、カツオはその多くが鰹節原料とされた。この時代の鰹節は最高級食品であり、上級武士階級や都会の家持ち、地主クラスの食べ物だった。鰹節の食用状況も、それに伴って少しずつ変化し始めた。都会では、明治10～20年代には鰹節の価格はほとんど変わらなかっ

た。これは、食べて美味なことと、鰹節の出汁としての価値が広く認められていたからである。日清戦争以後に戦勝景気が盛り上がると、うまいものを食べようと望む風潮が全国的に広がり、鰹節のような高級食品に関心が集まった。明治40年代になると、かつお漁船の動力化により鰹節漁獲量が増加し、鰹節は全国的に正月や祭り、結婚式などハレの日に使われるようになった。昭和13年頃には、庶民の家庭でも味噌汁の出汁やほうれん草などおひたしに振りかけるため、鰹節をカンナでかく、あの爽やかな音で一日が始まるようになった。

　昭和25年には水産物の価格統制が全廃されたが、鰹節は戦前からの高級なものとする印象が残っているので売れ行きが低迷し、代わって、削り節（さばなどを利用したもの）や煮干しの売れ行きが活発になった。昭和30年頃には、削り節使用が一般化し、鰹節はほとんど贈答用といった傾向が進んだ。経済復興が進んだ昭和30年代になると、人々の意識、嗜好、生活様式などすべてが大きく変わり始め、インスタント食品指向の時代が到来し、鰹節をカンナでかく手間が嫌われた。昭和30年代半ばから、化学調味料が家庭の食卓へ急速に進出し始め、鰹節を削って出汁を取る昔ながらの方法が減少していった。当時の厚生省は、通常の化学調味料の使用は安全だとの見解を示すが、この問題を契機に、自然食品、天然調味料の良さを見直す気運が全国的に高まった。また、日本経済の飛躍的な発展が、国民の生活水準を向上させ、食生活面でも高級化が進行し、鰹節は日本料理の添味に不可欠の高級品として需要が増加した。しかし、人々のインスタント食品あるいは調理の簡素化を好む意識は強まるばかりであった。女性の家庭外活動が盛んになったこともあって、明治末から大正・昭和初期まで、日本中の大多数の家庭で聞こえていた鰹節を削る音は一部を除いて消えてしまい、鰹節の消費量が低迷した。

　鰹節の生産量が再び増えたのは昭和50年代になってからであり、インスタント化の中で、昭和43年に作られた鰹節パックが人気商品になったためである。本枯れ節などを薄く削って窒素ガスとともにプラスチック袋に封入したものだが、食事時になると、茹でたほうれん草や豆腐の上になみなみと振りかけられた鰹節が食卓に並ぶ光景はどこの家庭でも目にすることができる。焼津市の鰹節生産量は、昭和46年の400トンから、その後1万トン前後にまで増加した。

ここでは鰹節の製造技術を日本が世界に誇る魚の加工技術だと高く評価したい。だが、今日の技術に到達するには100年以上もの歳月を要するとともに、失敗の連続にくじけることなく挑戦し続けた成果と、先人達の努力に畏敬の念を強くしている。荒節にカビ付けして作る本枯れ節の製造は江戸時代に始まるが、味噌、醤油などの調味料の製造技術もこの時代に完成した。日本料理の基本味であるコンブと鰹節からとる出汁が完成するのもこの時代である。鰹節の製造技術は和歌山県の串本や勝浦の人達が高知へ移り住んで完成させたとされている。最も苦労したのは鰹節カビの純粋培養法のようであり、高知では目張りした倉でカビ付けするが、鹿児島では優勢カビのようで、高知ほどの管理はしていない。共通するのは天日に当てて雑カビを殺す作業を3～5回繰り返すことである。

　また、昭和50年頃からカツオの「たたき」が爆発的に売れるようになった。たたきは、カツオをおろして表面をさっと焼き、氷水などに手早く浸した後、刺身状に切って食べるものであり、別名、土佐作りともいわれる。さらに、平成元年から、冷凍トロカツオ（脂ののった戻りカツオ）が脚光を浴びるようになった。この頃、日本人は脂っぽいものを好むようになり、トロと名が付く食品が良く売れるようになった。

　カツオのたたきは高知県の郷土料理であり、生臭味とヒスタミンの生成を防ぐために、強く燃える稲藁火の中をくぐらせて表面を焼き、氷水で表面の汚れを取ってから刺身にし、夏ミカンやユズの搾汁をふりかけ、薄くスライスしたニンニクを添えて食べる。たたきの由来だが、上りカツオを3枚に卸した際に、身の表面に塩をふりかけ、包丁の腹でたたくので「たたき」と呼ぶようになった。ニンニクを添えるのはアニサキスへの配慮だと言われているが、ビタミンBに富むカツオの薬効を高めるためとも理解できる。

（松浦勉、西岡不二男）

第2章 原始・古代から近世までの魚食文化の変遷

(越智信也)

1.「すし・天ぷら・うなぎ・刺身」の源流

　日本料理におけるご馳走の代表格といえば、今でも「すし、天ぷら、うなぎ、刺身」ということになろう。これらはいずれも魚介類を主な材料としており、江戸時代に三都といわれて繁栄した京都・大坂・江戸の町人たちによって改良され、発展したものである。

　例えばすしは、今では一口大の酢飯に新鮮な魚介類のネタをのせて食べる握りずしが普及している。しかし、すしは元々各地で採れる魚介類を、飯と一緒に漬け込んで醱酵させた「なれずし」から始まった。これは魚の保存法で、醱酵した飯を除き、魚の方を食べるものだった。握りずしの成立時期は諸説あるが、江戸時代後期の文政年間（1818～1830年）、大坂で発達して、江戸にも入ってきていた押寿司を江戸の町人が改良・発明したものといわれている。慶応3年（1867）に完成し、幕末の風俗を記した『守貞謾稿（もりさだまんこう）』には江戸前寿司のネタとして「鶏卵焼、車海老、海老そぼろ、白魚、まぐろさしみ、こはだ、あなご甘煮長のまま」をあげている。これらのネタは江戸湾で獲れる豊富な「江戸前」の海産物である。江戸の近海から高速の押送船（おしょくりぶね）で、新鮮なうちに日本橋の魚市場に運ばれて取引された魚介類は、棒手振（ぼてふ）りと呼ばれる天秤棒を担いだ魚売りたちによって販売された。ちなみに、当初握り

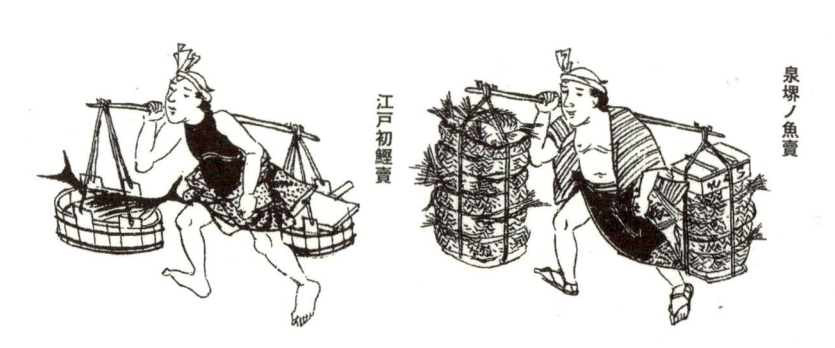

江戸初鰹売りと泉堺の魚売
江戸時代の魚売りは棒手振りと呼ばれた。上方では鯛や蛸が、江戸では鰹や鮪が売られた。
（『守貞謾稿』より）

寿司は歩き売りや屋台売りが中心だった。

　天ぷらは、もともと南蛮渡来のフリッターに似た料理として長崎ではじまった。その後、京都・大坂で独自の発展をとげ、これはつけ揚げとも呼ばれた。関東でいうところのさつま揚げである。江戸時代後半になると、すしと同様に、豊富で新鮮な江戸前の魚介類を用い、ころもに味を付けずに素材の味を引きだした、江戸独自の天ぷらが現れた。今日我々がよく知る天ぷらはこれである。すしよりも少し早い、文化年間（1804〜1818年）頃には、天ぷらの屋台は江戸に現れ、天保元年（1830）に完成した『嬉遊笑覧』には、「日本橋ぎはの屋台店にて、吉兵衛と云もの、よきてんぷらに出してより、他所にも、あげものあまたになり」と書かれている。

　うなぎも、江戸時代以前から食されていた。室町時代、京都の宇治川で取れたうなぎのすしを「宇治丸」と称した（『庖丁聞書』）。江戸時代になると現在のような蒲焼が現れるが、うな丼が登場するのは幕末の文化年間頃である。当初「江戸前」という言葉は、江戸湾の築地・深川沿岸辺りで取れたうなぎを指した。江戸以外の地方から仕入れたうなぎは、旅うなぎと呼んで一段低く見られ、川柳にも「丑の日に籠でのり込む旅うなぎ」（『雑俳・柳多留』）と詠まれている。

　刺身が日常的に食卓にのぼるようになったのは、さらに下って最近のことである。かつて西日本を中心に「ブエン」という言葉がしきりに用いられたが、これは生魚を指す。「ブエン」は無塩のことで、その用例は『平家物語』

江戸の鰻蒲焼売り

江戸の屋台
鮨や天ぷらはこのような屋台で売られていた

にも見え、古くは新鮮なもの一般をさす用語だった。それがいつしか専ら生の魚介類を意味するようになった。これは鮮魚が一般に食されるようになってからのことである。

　塩蔵や干物など加工を施さず、生のまま食べることは、恐らく古代あるいはそれ以前から行われていたようである。『日本書紀』景行天皇53年10月の条には、景行天皇が上総国（現在の千葉県）に赴いた際、「白蛤」を得たので膾にしたと記されている。この「白蛤」はハマグリであろうか。膾は、10世紀前半に編集された漢和辞典『和名類聚抄』（以下「和名抄」と略）に、「細切肉也」と書かれ、これには魚介類だけでなく鶏肉なども含まれていた。「羹に懲りて膾を吹く」という中国の故事にもあるように、膾は古くから、生に近い食べ物だった。刺身という言葉が史料に現れるようになるのは、室町時代になってからである。この頃の膾は酢とあえたものだが、刺身は膾より大きめに切って、別に用意した酢や煎り酒に浸けて食べた。江戸時代になると、主に特別な日の供応食として、上方では専ら鯛が、江戸では鯛の他に、鰹の刺身が食べられるようになった。鮪（江戸時代以前には概ね「しび」と読まれカジキも含まれた）の刺身は、江戸の庶民を中心に、ずけと呼ばれる醤油漬けにされた状態で食べられることが多かった。もっとも西日本では刺身とはいわず、作り身といった。『守貞謾稿』には、刺身の値段は50文から100文と記されている。分量の単位が正確に記されていないが、恐らく一皿であろう。当時そば一杯がだいたい16文といわれていたから、その3倍から6倍ということになる。もっともこれは江戸や大坂・京都など、物資が集まる大都市の話で、しかも、庶民の口に入るほど安値になるのは、大漁の時に限られていた。ひとたび眼を地方に転じれば、生の魚を食べることができたのは海沿いに住む、ごく限られた地域の人々であった。しかも、魚介類の多くは、水揚げと同時に塩をほどこされたり、解体して煮熟されたりすることも多かったので、海沿いの人でも「ブエン」にお目にかかる機会は、今日よりはるかに少なかったのである。冷凍や解凍の技術の発達した昨今のように、スーパーの売り場に一年を通して刺身が並べられ、日常的に食卓に上るようになったのは、高度経済成長期以降の、ごく近年のことである。

　こう見ていくと、これらご馳走の代名詞とも言える料理の形成には、いくつかの共通点がある。一つは、いずれもその原型は、地方食として始まった

ということである。自然条件の異なる、長い海岸線を持つ日本列島では、地域によって獲れる魚介類の種類が違う。同じ魚種でも魚体の脂肪分が、回遊によって変化するので、当然加工の仕方にもその土地独自の工夫が施される。魚の保存法であるなれずしの材料もその製法も、多種多様で地域色が強い。琵琶湖の沿岸では春になるとニゴロブナがたくさん獲れる。これに塩をまぶして、飯と一緒に漬け込んで醗酵させるとフナずしとなる。また、秋田では、12月になると産卵のためハタハタがたくさん岸にやってくる。これを獲ってハタハタずしが作られ、これは出羽の山間部にも運ばれて、庶民はこれで正月を越した。天ぷらやうなぎはすしのように全国で食されたわけではないが、やはり地方食として始まった。

　二つ目の共通点は、それぞれの食べ物は、室町時代の中期から江戸時代にかけて、先ず上方に入って洗練された料理へと進化したということである。長い食の伝統を持つ京都の技術と、そして近世になって「天下の台所」として物資の集積地となった大坂に入ってくる、瀬戸内海や紀州などの魚介類によって、それぞれの地域で育まれた食物は、より洗練された味わい深い「料理」へと変貌した。そこには様々な政治的・文化的背景があった。醬油が開発されたことも大きな要素といえよう。

　三つ目の共通点は、これらの料理は江戸に流入し、江戸前の豊富な魚介類と結びついてより簡便な庶民の食べ物となり、さらに人気を博すようになったということである。江戸時代も後半になって江戸の人口が増えると、武士と町人の融合による独自の文化が形成された。多くの人口を抱える大消費地江戸を中心に全国的な廻船が成立し、日本橋に魚市が整備され、近海の鮮度のよい魚介類が、押送船によって運ばれるようになった。こうして「江戸前ずし」は誕生したのである。製法も簡便で季節に応じて様々なネタを楽しむことができる江戸前ずしが人気を得るのは当然であろう。江戸前ずしの創始者といわれる与兵衛のすしは、両国に店を構える頃から大盛況となり、「こみあひて　待ちくたびれる　与兵衛ずし　客ももろ手を　握りたりけり」と詠われた（『武総両岸図抄』）。

　日本料理を代表する「すし、天ぷら、うなぎ、刺身」は、それぞれの地域の、それぞれの条件に根ざした地方料理として始まり、京都、大坂、江戸という大消費都市の発展で開花して今日にいたった。一方、魚介類を用いた

様々な地方食は、そのいくつかが今もなお、それなりに受け継がれている。それらの地方料理は、日本における魚食文化の出発点であり、各地方における人間と自然との関わり合いの所産である。魚食文化の成り立ちを知ることは、私たちの先祖が、自然とどのように向き合い、どのような知恵や工夫を積み重ねてきたのか、その歴史を知ることでもある。

2．縄文時代の漁労と魚食

　日本における水産学の勃興期に、魚類の分類などに功績を残した岸上鎌吉は「原始民族の水産食料」という一文に次のように記している。
　「自分は我原始民族の水産食料を調べるまでは、彼等は貝類から沿岸の浅い処に棲息する不活発な動物位を漁獲して居たものだろうと想像して居た。（中略）二ヵ年に亙り宮城、岩手の地方でまだ余り手の付いて居ない貝塚を調べて見た。其結果は原始民族が驚くべき程漁獲に巧であって、今日我々が珍重して居る上等魚類は殆ど尽く漁獲して居たのを知ったのである」（『原始時代の研究』）。
　ここで言う「原始民族」は、今からおよそ１万年前に始まった縄文時代の人々を指している。岸上が調べた三陸方面の貝塚からは、大はマグロから小はカタクチイワシまで、三陸方面に棲息・回遊する多くの魚類の骨が出土している。シカなどの動物の骨や角で出来た釣針や、ヤス・銛の頭の部分なども出土した。また、網に取り付ける錘と見られる土錘や石錘が出土していることから、網漁も行われていたことをうかがわせる。考古学者の後藤和民は、旧石器時代（厳密には縄文時代初頭まで）の遺跡からはこれらがまったく出土しないことから、漁労の発達こそが旧石器時代と縄文以降の新石器時代とを分ける画期ではないかとの見解を示した（「縄文時代における生産力の発展過程」）。
　ちなみに、本節と次節の縄文・弥生時代についての記述では、水産物を獲得するための行為を「漁労」と表現した。「漁業」は、古代社会の形成以降、社会的分業としての漁労行為を一般的にさす場合に用いている。
　平成４年（1992）に青森市の郊外で発見された三内丸山遺跡からは、漁具

第2章　原始・古代から近世までの魚食文化の変遷

や魚類の骨、貝殻などが多数出土して、我々に縄文時代の漁労に関する多くの知見を与えた。

　三内丸山遺跡で発掘された魚類の骨はブリ、カレイ、フグ、サバ、カツオ、メバル、カサゴ、ニシン、ウミタナゴ、カワハギ、ヒラメ、マダイ、アイナメ、タラ、スズキ、オコゼ、ウグイ、コチ、ドジョウ、サヨリなどおよそ50種類にのぼり、シカやイノシシ、ウサギなどの獣類の骨よりはるかに量が多い。貝類もシジミの他にマツカサガイやカワシンジュガイなどの淡水の貝が多く見つかっている。(『三内丸山遺跡Ⅵ』)。これらを見るとブリやサバ、ニシンなどの回遊魚がある一方、メバル、アイナメなどの磯魚やヒラメなどの底魚も混じっている。恐らく魚の棲息環境に応じて、漁獲方法を変えるなどの工夫をしていたのであろう。ヒラメなどは釣り上げていただろうし、ブリなどの回遊魚は網を使って獲っていたに違いない。また、ブリやサバは頭の部分の骨の出土数が他の部位の骨より明らかに少ない。これは獲った魚を岸辺などでさばいて頭を落とし、干物あるいは燻製などに加工して村に持ち込んだ可能性があるという（桶泉岳二「三内丸山遺跡における自然環境と食生活」）。これらの回遊魚は内陸の遺跡からもその骨が発見されており、すでに交易などによって水産加工品の流通が始まっていたのであろう。

　「花粉分析」という方法によって、遺跡周辺の植生がわかるようになった。それによると三内丸山遺跡の周辺にはクリの木が群生していたらしい。この群生は、同じ花粉分析で、集落が形成される以前にはなかったことが分かっているから、人間の手で栽培されていた可能性が高い（桶泉）。漁業についても様々な漁法を用い、交易を前提とした海産物の加工を行っていたことを考えると、すでに縄文時代の人々が、自然を観察し、幾らかの人為的な工夫をほどこして、食料を確保していた様子がうかがえる。

　縄文時代の貝塚からフグの骨が見つかっている。出土した遺跡の地理的条件から、春の産卵期に岸辺に近づいてきたフグをとらえていたと見られている。霞ヶ浦周辺のある遺跡からは、集中的に出土しており、これらの漁と加工がフグの毒を除去する調理技術を持った特定の集団によって担われていた可能性もあるという（小宮孟「貝塚産魚類組成から復元する縄文時代中後期の東関東内湾漁撈」）。

　捕鯨もすでに縄文時代に行われていたことが明らかになっている。長崎県

や熊本県の縄文時代の遺跡から、阿高式土器と呼ばれる土器が出土する。この土器の底には、しばしばどうやって付けたのかわからない不思議な文様が確認されていた。ある研究者が、それらの文様は鯨の脊椎骨の跡であることを突き止めた。鯨の脊椎骨を土器の製作台として利用していたのである（三島格「鯨の脊椎骨を利用せる土器製作台」）。丸木舟に乗り、銛によって捕えたであろう鯨は、肉を食べるだけではなく、骨を土器製作の台として用いるなど、全体利用されていた。そして、同様の土器製作台が九州の西側一帯に広がっていることから、すでに捕鯨あるいは加工の専業集団がいて、道具の交易が行われていたのではないかと予想されている（森浩一「弥生・古墳時代の漁撈・製塩具副葬の意味」『日本の古代』8）。

　日本全国の海岸沿いで、縄文時代の漁労に関する遺物が万遍なく出土しているわけではない。縄文時代は今日より気温が高く、平均水位が高かったので、海が内陸に入りこんでいた（縄文海進）。食料の獲得方法として狩猟・漁労・採集に依存していたので、それらの条件に恵まれた中部地方以北、特に関東・東北地方に集中して居住していた（『縄文時代』小山修三、中公新書）。関東から三陸方面に至る太平洋岸は、貝塚が特に集中しており、西日本における貝塚の出現数は、これらの地域に比べて格段に少ない。また、縄文時代の人骨の分析から、その人が生前に何を食べていたかを予測することができるようになった。北海道の海沿いでは専ら海産物が、東京湾や瀬戸内海沿岸では植物や水産物・シカやイノシシなどの獣類などが幅広く食され、中部の山岳地帯ではクリなどが主に食されていた（赤沢威「炭素・窒素同位体に基づく古代人の食生活の復元」）。縄文人の食料の確保法は居住地の自然環境に規定されており、漁労についても地域差が大きかったと考えられる（佐原真『衣食住の考古学』）。

　縄文時代の人々は、獲得した水産物をどのように食べていたのだろうか。遺物からこれらのことを知るのは案外難しい。酸性土壌の日本列島では、大抵の有機物は分解してしまう。鮭のような骨の柔らかい魚の骨は、遺跡からほとんど出土しない。貝塚から貝殻が出土しても、身をどのように利用したのかはわからない。例えばむき身にするのか、殻付きのまま煮たり焼いたりするのか、見解が分かれている。貝塚からは、同時期に獲ったと思われる貝が大量に発見されることがある。このことから貝のむき身を大量に作り、干

すなどして加工し、内陸の居住者と交換していたのではないかと考える研究者もいる（後藤和民）。魚類は、おそらく生食や焼く、煮るなどの調理を行っていただろう。石庖丁による魚の解体・調理の実験なども行われているが、想像以上によく切れる道具である。また、干す・燻製にするなどの簡単な加工も行われていた跡が出土している。縄文時代の後期には製塩土器と呼ばれている塩を作るための土器が、早くは三陸地方や関東地方を中心に、遅くは西日本からも多数発見されている。魚介類の遺物が内陸から出土していることから考えると、塩漬けなどの加工は普通に行われていたに違いない。

縄文時代が日本の漁労文化の出発点であり、後に発達する様々な漁具・漁法の原形がほぼ出揃った時代であったことは確かなようである。彼らは自然との格闘の中で、次第に漁労技術を経験的に編み出したに違いない。一方、魚食文化という観点から考えてみると、生で食べる・煮る・焼くなどの一次的な調理と干物・塩漬け・燻製などの簡単な加工は行われていた可能性が高い。しかし、すしや塩辛、節類・練り物などの、後に日本に独自の魚食文化をもたらすことになるような加工品については、まだその芽は現れていなかった。日本の魚食文化の本格的なはじまりは、稲作とともにもたらされた新しい文化、すなわち弥生文化との係わり合いのなかで形成され、それはアジアとの接触によって実現したのである。

3．『延喜式』に見る水産加工品とアジア

弥生時代になると水稲耕作が始まり、日本人の食生活の中心は次第に米や麦・稗・粟などの穀物類に移った。魚介類はその副食物と位置づけられ、穀類の主食と魚介類や野菜などのおかずを組み合わせるという、日本食の基本形が芽生えた時期である。これはアジアモンスーン地帯とある程度共通しており、日本の魚食文化はアジア各地の影響を随所に見せながら進展した。

漁法にも様々な工夫が見られるようになった。大阪湾の各所からは、弥生時代のイイダコ漁に用いたと思われる土器の壺が多数発見された。イイダコはネギの身や陶片などの白っぽいものに反応する。それらを小さな壺に入れて海底に沈めておいて捕獲する、いわゆるタコツボ漁である。魚介類の習性

を利用した漁法の一つであろう。

　筌と呼ばれる仕掛けの跡も出土している。河川や浅い海底の魚道に仕掛けて、魚を一定の場所に誘導する漁具で、ウエともいわれる。『古事記』や『万葉集』にもしばしば登場し、これは地形を利用した漁法といえよう。

　弥生後期の壱岐の唐塚遺跡・原の辻遺跡では、鯨骨製のアワビおこしが出土した。3世紀に書かれた『魏志倭人伝』には、末盧国の倭人が潜水してアワビや魚を捕っている様子が記され、潜水漁業が行われていたことがわかる。なお、末盧国は現在の九州北部の唐津市あたりに比定されている。

　古墳が作られるようになると、副葬品の中に、鉄製の釣針やヤスなどが見られるようになる。これらは鉄製品の製作を専門に担う集団が作っていた。3世紀後半頃に成立した大和政権は、魏あるいは百済の制度を取り入れ、部民制をとっていた。部は、何らかの職能によって朝廷や豪族に従った集団で、そのうちの一つである海部は魚介類を貢納していた。彼らは航海技術にすぐれ、戦乱の際は、水軍に徴用されることもあった。『和名抄』には、「海部（あま、かいふなどとも読む）」などの地名が、紀伊・阿波・筑前・丹後・越前など13か国にわたって登場する。これらは海部の人々の居住地で、現在でも漁業の盛んな地域である。この時期すでに、航海や漁労が社会に一定の役割を担っていたのである。

　7世紀になると古墳文化は終わり、中国や朝鮮半島の影響のもとに、日本に律令制度が取り入れられた。部民制は解体され、諸国の魚介類は、贄（畿内の特定の贄戸から天皇に納められた品）や調（諸国の特産物を納めさせた古代の税）、中男作物（税の一種で、やはり特産物を納めさせた）などの税として都に納められるようになった。

　8世紀の養老律令（757年施行）の編纂を最後に、新しい律令は編纂されなくなり、9世紀になると、律令の修正（格）や細則（式）が、編纂された年号を採って「○○格式」と呼ばれる法令集にまとめられるようになった。弘仁（810〜823年）、貞観（859〜876年）、延喜（901〜922年）年間にそれぞれ「格式」が編纂されたが、そのほとんどは散逸した。『延喜式』だけはほぼ完全に残っており、古代の行政や経済を知る上で格好の材料を提供している。アチックミューゼアム（現在の神奈川大学日本常民文化研究所の前身）を創立し、水産史研究にも多くの業績を残した渋沢敬三は、『延喜式』に書

かれた水産物を詳細に分析した（「式内水産物需給試考」「『延喜式』内水産神饌に関する考察若干」など）。

　釣り好きだった渋沢は、当初魚の名前に興味をもった。いったいいつ、誰が、どんな経緯で命名したのか。様々な文献を博捜して『延喜式』をひもといた時、その水産物の豊富さと多様さに驚嘆したという。それらは、日々の食用に供されるだけではなく、国家によって執り行われる数々の祭祀のお供え（神饌）としても用いられていた。渋沢の計算によれば、『延喜式』にはおよそ177回の祭祀に関する記事があり、499回の神饌供進の件数が記されている。その品目は酒・白米・稲・もち米の順になっていて、米がもっとも重要な位置を占めていた。しかし、穀類を除くとその他は魚介類が圧倒的に多く、塩・鰒（あわび）・堅魚（かつお）・海藻（『和名抄』にニギメとあり、ワカメを指した）・膊（きたいと読む。小さな魚を丸ごと干したもの）などが上位を占めた。このことからも、この頃すでに穀物と魚介類の組合せという食の基本形ができつつあったことは確かである。もちろん、白米は当時の庶民には高根の花で、通常は粟や稗・麦などが食されていた。また、鰒や堅魚なども庶民が常食にしていたわけではない。地方では、依然として自給自足的な食生活が営まれていただろう。祭祀に用いる品は、各地から集められた最高級のもので、支配層の人々にとっては常食であり、庶民にとっては羨望の的だったに違いない。そのような意味で、それらは当時の人々の「日常の食」の延長上にあるものだと渋沢は評価している。

　『延喜式』に登場する水産物はその多くが加工品で、東アジア、東南アジアの影響を受けたものが多い。

　調や贄、中男作物の中に、鮨年魚（すし）（美濃・筑後・肥後・豊前・豊後）あるいは鮨鮒（筑前・筑後）・雑魚鮨（伊勢・志摩・尾張）などが見え、これらは魚貝類のすしである。古来すしには鮨と鮓という二つの漢字が使われてきた。両方とも中国で生まれ、元来別々の意味で用いられていた。鮨は今で言う塩辛のようなもので、鮓は米と塩・魚貝類を漬けて発酵させたものである。当初から日本では二つの文字が混用されていた。日本で言うすしは後者で、発酵した米を除いて魚だけを食べるなれずしである（日比野光敏『すしの歴史を訪ねる』）。室町時代になると、飯と魚介類をともに食べるなまなれが登場し、次第にこちらの方が主流になった。大坂では押しずしが発達し、江戸

でも流行するが、やがて江戸前の魚貝類を用いた独自の握りずしが発明されて人気を博した。しかし、元来すしは魚貝類の保存方法として、東南アジアの稲作民によって発明され、後に中国を経て日本に入ってきたものといわれている。（石毛直道『魚醤とナレズシの研究』）。鮨年魚の年魚は鮎のことで、つまり鮎ずしである。鮎はおよそ22か国から貢納されており、貢納水産物の中ではきわめて人気が高い。渋沢は『古事記』や『万葉集』の記述から、鮎は釣りか鵜飼によって獲られていたと推定している。

　鵜飼は、現在では中国と日本でのみ見られるが、古くはインドやヨーロッパでも行われていた。鵜という鳥の盛んな食欲と魚を捕らえる能力、首の長さを利用して、飲み込んだ魚を吐き出させて鮎を得る方法である。7世紀に成立した『隋書倭国伝』にも紹介され、古くは奈良の吉野川などで行われていた。平安時代には京都の桂川に桂御厨（みくりや）が設置され、鵜飼によって得た鮎の一部は、桂女（かつらめ）と呼ばれる女性たちによって市中で売りさばかれていた。漁獲方法にアジアとの共通性が見られるのも偶然ではなかろう。

　『延喜式』には「醤鮑（ひしおあわび）」「醤鮒（ひしおぶな）」（近江・筑前・筑後）「醤鰯（ひしおいわし）」などの製品も出てくる。この醤（ひしお）類について、渋沢は塩と魚とを和えてねかせたものと推定した。「醤」は東南アジア・東アジアにもひろく分布しており、穀物や野菜、獣肉、魚介類を塩漬けにして発酵させた食品の総称である。発酵した魚から出た液体を調味料として用いるものを魚醤といい、秋田のしょっつるや能登のいしる、香川のイカナゴ醤油などがそれである。タイのナンプラー、ベトナムのニョクマムなど、現在の東南アジアにも見られる。『延喜式』の「醤鮑」などは、それらとは違って魚介類の方を食べる塩辛のようなものであろう。一方『和名抄』の醤の項に「唐醤、豆醢（からびしお、しおから）也」とあって、豆すなわち大豆を発酵させた醤を「唐醤」と呼んでいたことがわかる。恐らく中国の大豆の「醤」が日本に入り、しだいに調味料の主流となって、そこから醤油と味噌という日本独自の食品が発生したのである。

　『延喜式』には塩に関する記述も多い。調として備前・備中・備後・播磨・安芸など、瀬戸内諸国を中心に15か国から塩が納められており、「生地塩」（いくちのしお、尾張の地名）とか「淡路塩」など産地名が付いているものもある。古来塩は生体にとって欠くことができないだけでなく、食品の保存にも重要な役割を果してきた。『延喜式』にも塩鰯、塩鰤、煮塩年魚

（鮎）などと見え、魚名のみ書かれているものも、その多くは塩をほどこしたものだったろう。

鮭も神饌として多く用いられた。主に越前・越後・越中・信濃・若狭など日本海側の諸国から貢納され、加工品も多様であった。

干鮭は 腊（きたい）と呼ばれる魚の干物の一種で、塩をふらずに魚全体を干したものである。鮭の内子（こごもり）は筋子が入った鮭の塩引きしたもので、鮭の楚割（すわやり）は肉を細く裂いて干したものである。氷頭（ひず）は頭の部分の軟骨をいい、半透明で氷のように見えることからの命名である。背腸は『和名抄』ではミナワタと訓じられており、腎臓の塩辛である。

鰹もよく登場し、古代では「堅魚」と書く。鰹の貢納国は志摩・駿河・伊豆・相模・安房・紀伊・土佐・豊後などで、すべて太平洋側の黒潮に洗われる地帯である。現在でも鰹の産地として有名だが、東北の三陸沿岸だけは入っていない。ここで捕獲された鰹が流通するようになるのは、ずっと後半の江戸時代以降のことである。このことは後にふれる。

鰹といえば現代の私たちは鰹節を連想するが、この頃はまだ現在のような煮熟して燻乾させたものはない。ただ、すでに切り身にして加工していたらしく、「煮堅魚」（駿河）は生利節のような状態であった。

伊豆・駿河からは「堅魚煎汁」が貢納されている。これは鰹を煮た時に出るエキスを濃縮し、壺などに入れて都に運んだものと見られ、静岡県沼津市の駿河湾沿いでは、「堅魚煎汁」の生産工場跡と見られる遺跡も発見され、鰹を煮た際に用いたとみられる土器も出土している。これらの土器の内底からは、鰹などの回遊魚に多い脂肪酸が検出された。すでに鰹の旨み成分が調味料として活用されていたのである。ただし古代から中世までは、まだ庶民が日常的に利用できるようなものではなかった。

『延喜式』に登場する魚は他に、鯖・平魚（鯛のこと）・鮒・鯉・久恵（くえ）・阿米魚（あめうお）・鮫（皮を刀の柄にしていたらしい）・比志古鰯（ひしこ）（カタクチイワシのこと。当時からマイワシと区別されていた）などで、他に海鼠（なまこ）や貽貝（いがい）・保夜（ほや）、海藻（ワカメのこと）、滑海藻（あらめ）などの貝類や海藻類の名も見える。また、昆布はすでに陸奥国から貢納されていた。

逆に『延喜式』に見られない魚介類は何であろうか。「雑魚鮨」「雑魚腊」などとある場合、「雑魚」の中に現在の何という魚が含まれているのかは分

かっていない。名付けられて識別された魚と、雑魚と呼ばれたものとの違いがどこにあったのだろうか。「雑魚」とあっても各地方では何らかの名称で呼ばれていたが、貢納物としては識別されなかったということもあり得る。

　『延喜式』全体を見渡すと、案外登場する魚種は限られ、鮎や鯉・鯛・鰹など比較的、奈良・京都で手に入りやすく、姿の美しい魚が多い印象がある。大饗と呼ばれる古代・中世の宮廷や大臣の家で行われる饗宴では、必ず偶数の皿に盛られた生物・干物・唐菓子・木菓子などが、銀や塗り物の椀などの豪華な皿に盛られて出てきた。平安時代の末に書かれた『類聚雑要抄』には、皇族に出した料理20品が記されており、「鯛膾、海月、鮑、鯉膾、蛸干物」などの魚介類の他に「雉」なども見え、これらは神饌のお供え物としても頻繁に登場する。饗宴の膳は、共食すなわち神と一座とが、共に同一の食べ物を食するという性格があった。個々の料理を各人が取って、自分なりに味付けして食べるのが基本である。これらは種類の多さと盛り付けの見た目が重視され、味覚を味わうことは二次的な問題だったことが指摘されている。『延喜式』に登場する魚名に、見た目の美しいものが多いのも、そのような当時の料理観が反映しているのかもしれない。（原田信男『日本料理の社会史　和食と日本文化』）。ちなみに皿の数が偶数なのは、中国料理の特徴でもある。また、唐菓子は油で揚げたもので、これも中国の影響を残しているのであろう。山のもの・海のものが取り混ぜられ、各地の特産物が並ぶ饗宴の膳は、朝廷の支配力を示すものであり、世界観の表現でもある。

　名の見えない魚は上げればきりがないが、現在の私たちのイメージとの違いに注目してみると、先ず鮪をあげることができる。鮪を食べることがある程度一般的になったのは江戸時代以降のことである。ただし、それ以前に食されていなかったわけではない。縄文時代の遺物から骨が出土していることは先にふれた。『万葉集』には鮪についての記述があるし、鎌倉時代には「志美網」漁も行われていた。しかし、脂分が多く魚体の大きい鮪は鰹に比べても加工が難しく、捕獲も定置網やヤスで突くしかない。また、江戸時代に鮪定置網漁が行われた五島や駿河湾、三陸沿岸などは古代や中世の中心地である畿内からは遠く、安定して供給できる魚ではなかったに違いない。現在の鮪の人気は、市場の形成や調味料の発達、冷凍技術の進展など様々な要因が重なった結果といえよう。

さんまも古い文献には見あたらない。さんまは外洋性で沿岸ではあまり捕れず、釣の対象にもならない。現在三陸の気仙沼がもっとも水揚げが多く、主に日本の北の海が漁場となっている。西日本で捕獲されたさんまは、脂が抜けた状態になっていて、古い文献でもしばしばさよりと混同されている。古くは腐敗しやすい脂の多い魚は、特に饗宴の材料としては敬遠される傾向にあったようである。鯉、鯛、鮭などが高級魚とされ、鯖や鰯のような脂の多い魚は下魚とされた由縁である。

　はじめに記したように『延喜式』に見える魚介類が、そのまま古代の人々一般の食生活を反映していたわけではない。しかし、すしや醤類など中国や東南アジアにも広く分布する水産加工の方法や鵜飼などの技術が、この時代に日本に流入し、ある程度根付いていたことの意味は小さくない。これらは後に独自の開発を経て、日本固有の魚食文化へと成長する出発点となった。後述するように、産業としての漁業は江戸時代にいたって大きな発展期を迎える。既に紹介した和食の「ご馳走」は、この時代のうねりの中で生み出されたものである。魚食文化の隆盛期といってよい近世期を準備したのは、縄文時代以来の漁労の経験と古代における東アジア、東南アジアの魚食文化の受容である。武士の時代となり、鎌倉時代を経て室町時代になると禅宗文化や南蛮文化の影響を受けるようになる。それらが渾然となって日本独自の食文化へと変貌していくことになるのである。

4．殺生禁断と日本料理の形成

　近年鎌倉の発掘が進み、鎌倉時代の食生活など日常的な事柄が少しずつわかるようになってきた。鎌倉時代の地層からタイ・クロダイ・スズキ・ボラなどの魚類とサザエ・アワビ・アカニシなどの貝類合わせて50種以上が出土しているという。ある地点ではアワビがまとまって出土し、いずれも握りこぶし大である。これは鎌倉近海のものを採取したのではなく、鎌倉の外から一定の大きさのものをそろえて持ち込んだのではないかと推測している。魚介類の交易が盛んになっていた証拠である（河野眞知郎「鎌倉武士の食べ物」『食べ物の考古学』）。

鎌倉時代も特に後半になると、各地に小規模ながら都市が成立し、定期市なども開かれるようになった。手工業者や商人が集まり、彼らはしばしば諸国を遍歴した。平安時代の後半に成立した座は商工業者の同業者集団で、天皇や寺社・貴族と結んで、座役などの営業税を払う代わりに、販売の独占権や広域活動を保証する権利を得ていた。朝廷（特に院）の経済を支えた供御人や神社の行事や日常の食料を提供した供祭人は、中世の漁業・水産物加工業の立役者となった。

　仏教の影響に基づく殺生禁断の思想は、8世紀頃からしばしば天皇の詔勅による殺生禁止令として発令されている。天武天皇4年（675）には、4月から9月までは隙間の小さい簗を仕掛けて漁をすること、落とし穴などを用いて獣類を獲ること、牛・馬・犬・猿・鶏を食用とすることを禁止した。ここには鹿と猪は含まれていない（「日本書紀」天武天皇4年4月）。ちなみにかつての農村社会では、鹿や猪は田や畑を荒らす害獣とみなされ、それらにとって天敵であるオオカミは大神とも呼ばれ、信仰の対象となっていた。

　古代の、いわゆる殺生禁止令と呼ばれるものは、仏教の不殺生戒の思想を背景に持ちながらも、禁断を行う時期や捕獲方法が限られていることから、乱獲を防ぎつつ、稲作に専念させようとの意図があったものと考えられる（原田信夫『和食と日本文化』）。仏教が国家のイデオロギーであった古代より、仏教が民衆に浸透し始めた鎌倉時代以降の方が、殺生禁断の思想は、殺生を行わなければ生きていけない、漁業・水産物加工業に携わる人々に深刻な影響を与えたといえよう。

　白河上皇は大治元年（1126）、殺生禁断令を出して漁業が盛んだった紀伊国の漁民から集めた魚網を院御所の前で焼かせ、諸国の網の処分を言い渡し、その数は5千帖と記録されている（『百錬抄』）。また、鎌倉時代の律宗の僧叡尊は、13世紀の後半に諸国を遍歴して、1,300を越える地で殺生禁断を行った。これらは期間や地域が限定されているものの、漁業に与える影響は大きかった。一方、浄土真宗を開いた親鸞は、殺生を犯さなければ生きていけない武士や漁師こそ、仏の救いの対象であるという「悪人正機」の考え方を説き、時宗を開いた一遍は、阿弥陀如来の名号を唱えた時点で人は救われていると説いて諸国を遍歴した。その活動を描いた『一遍聖絵』には、武士・漁師・琵琶法師・白拍子ら漂泊の芸能民など「悪人」とも呼ばれた人々が多数

登場する。

　鎌倉時代の市は定期市と呼ばれ、三斎市あるいは六斎市など毎月の特定の日に市が開かれ、様々な品目が扱われた。一方、京都の淀には魚介類を専門に扱う魚市が存在していたことが、京都の公家九条兼実の日記（『玉葉』文治4年（1188）条）に記されている。水産物販売が他の品目と区別され、専門化され始めたのである。

　平安時代の末に作られた「中尊寺経巻扉絵」には、四手網（よつであみ）による漁の様子が描かれており、『一遍上人絵伝』『石山寺縁起』などの絵巻物には、漁業者の様子がしばしば描かれ、地引網らしい網や簗漁の簗杭も見える。網も魚種を特定した「鰤網」「飛魚網」「志美（シビ、鮪）網」などが史料に現れ、これは網漁の技術が進んで、魚の種類に応じて漁具を工夫するようになったことを意味している。

　冒頭に記したように、「すし・天ぷら・うなぎ・刺身」などの「ご馳走」が庶民食として普及したのは江戸時代のことだが、その萌芽は室町時代にあった。京都が政治・経済・文化のあらゆる面で中心の役割を担うようになり、公家と武家の交流も活発化した。旧来の朝廷中心の料理文化に、新しく禅宗などの影響を受けた武家の料理文化が融合してきたのである。

　後醍醐天皇の政治を風刺した「二条河原落書」（建武元年（1334））には、「為中美物（いなかびぶつ）にアキミチテ、マナ板烏帽子ユガメツツ、気色メキタル京侍」と書かれている。各地から集められた美物（鳥や魚などのご馳走）に満腹している京侍の様子を描写したものだが、中世になると、貢納物としてだけではなく、商品としても様々な物資が京都に入るようになった。

　一方、禅宗を中心に精進料理が盛んになり、鳥や魚を一切用いず、野菜や穀類だけでそれらの味を出す工夫がなされた。そのために重要となったのが出汁や調味料である。味噌や醤油、鰹節など、現在の私たちの食卓ではお馴染みの調味料も、この時代に急速に発達したものである。

　「醤油」の語が登場する最古の文献は、慶長2年（1597）の『易林本節用集』だが、それ以前の『文明本節用集』（文明年間（1469〜1487年））、『鹿苑日録』（天文5年（1536））や『言継卿記』（永禄2年（1559））などに「漿醤（シヤウユ）」「漿油」「シャウユウ」という語がみえる。これらが果たして後の醤油と同じものかどうかは不明だが、少なくとも室町時代の後半には、現

在の醤油に近い液体調味料が、京都の武家や公家の間で用いられ始めていたらしい。

　現在の醤油がいつ、どのような経緯で作られるようになったのか、実はよくわかっていない。先述したように古代の『延喜式』には、すでに「醤」類が登場している。「唐醤」と呼ばれる大豆を用いた醤もあった。「供御醤」と呼ばれる天皇に献上する醤を、『延喜式』に記されている通りの方法で作ってみると、現代の醤油に近いものができたというレポートもある（松本忠久『平安時代の醤油を味わう』）。一説には、13世紀の鎌倉時代前半に紀州由良（和歌山県日高郡由良町）の興国寺を開いた僧覚心が、中国の宋から径山寺味噌を持ち込み、その醸造の過程でできた溜まり汁を、和歌山の湯浅で生産するようになったのが醤油の始まりと伝えられている。ただし、このことを裏付ける史料は今のところ見つかっていない。

　恐らく、中国から奈良時代の日本にその製法が入ってきていた「唐醤」「供御醤」などは、現在の醤油の原型といってよいものだったろう。しかし、これらはたくさんある調味料の一つであって、現在の醤油のように高度に管理された製法による万能調味料として発達したものではなかった。平安時代の後半以降になると、仏教の民衆への浸透にともなって殺生禁断の考えがひろまった。中国から禅宗の影響を受けた精進料理が流入し、京都や鎌倉の五山の僧を中心として盛んに新たな料理が研究された。穀類や野菜を美味しく食べる調理法が開発され、鰹節や昆布、しいたけなどを使った出汁の重要性が増すとともに、調味料としての醤油も重要視され改良が加えられた。「がんもどき」などの名に残っているように、鳥獣肉を用いずにその味を出す「もどき」料理も工夫された。これらの料理を創案した僧侶たちは調菜人と呼ばれ、庖丁の腕をふるう庖丁人とは一線を画していた。『七十一番職人歌合』（明応9年（1500）頃成立）などの室町時代の絵画史料には、魚鳥の料理を扱う庖丁人と、精進物の調味を扱う調菜人とが対の職業として描かれている（原田信男『和食と日本文化』）。その点、同時代に成立した、公家料理の伝統と様式を記した料理書『四条流庖丁書』（長享3年（1489））が、精進料理の影響に対して批判的だったのは興味深い。精進料理は、様々な食材が集まる京都を中心に流行したが、醤油は紀伊、播磨、讃岐など、漁業の盛んな地域で作られるようになった。

ところで、醤油は現在でも東と西では味が違い、西の淡口に対して東は濃口が主流である。一方、西日本で古くから醤油を生産する湯浅で、淡口醤油が作られたのは明治を過ぎてからである（『やませ印醤油沿革誌』『日本の味醤油の歴史』）。近世の湯浅では、おそらく濃口醤油に近い醤油が作られていた。この湯浅の醤油が、元禄年間（1688～1704年）には房総の銚子に伝えられて関東の醤油の出発点になった。また、野田では、上質な濃口醤油の醸造技術が開発され、一大醤油生産地となった。一方播磨国（現在の兵庫県西南部）龍野で寛文年間（1661～1673年）には淡口醤油が開発され、現在の関西醤油の主流となった。江戸時代の前半までは、江戸でも下り醤油と呼ばれた上方産の醤油がもっぱら使われており、魚食文化と同様に上方が先行し、江戸で開発・発展して今日の大衆への普及の足がかりとなった。醤油の生産地である湯浅や龍野、関東の房総などが漁業の盛んなところであったことも偶然ではないだろう。

ところで、現在では、醤油は刺身を食べるにはなくてはならないものである。刺身の語は、『鈴鹿家記』の応永6年（1399）6月10日条に「指身、鯉、イリ酒、ワサビ」とあるのが最古と言われている。刺身に近い食べ物に膾があるが、これは魚や鳥などの生肉を細く切り、酢などにあえて食べるもので、刺身は膾より厚めに切って、別に用意した調味料に浸して食べた。『鈴鹿家記』の「イリ酒、ワサビ」というのがその調味料で、醤油は使われていない。煎酒は古酒と鰹節、梅干を入れて煮詰め漉したもので、醤油が普及する以前にはよく使われていた。寛永20年（1643）に刊行された『料理物語』にも、刺身は煎酒や生姜酢で食すことが記されている。一方、幕末に書かれた『守貞謾稿』は、京都・大坂・江戸の生活文化をよく記しているが、上方では鯛の刺身を作り身といい、「酢味噌あるいは山葵醤油」を専ら使うとある。江戸では「鯛・鮃には辛味噌あるいは山葵醤油を用い、鮪・鰹等には大根卸しの醤油を好しとす」と記している。江戸で急速に醤油が普及したのが18世紀だったことを考えると、専ら刺身を醤油で食べるようになったのも、それ以降だったようである。

古代の宮廷で行われた大饗などの儀式用の膳は、偶数の皿が台盤と呼ばれる共用の台に置かれており、様式としても中国の影響を色濃く残すものである。しかし、室町時代になると、将軍を臣下が自邸に招く御成では、皿の数

その他の単位はたいてい奇数で、式三献という宴の開幕を告げる儀式から始まり、本膳、二膳、三膳と順番に登場する本膳形式の料理が出されるようになった。これは今日の会席料理の形式にも共通しており、日本料理は室町時代の後半に成立したといってよい。四条流、大草流、進士流などの庖丁人の流派も室町時代に形成されたものである。

5．京都・大坂・江戸の発展と魚市場

　漁業の歴史をひもとくとき、江戸時代になって、三都と呼ばれて繁栄した京都・大坂・江戸が形成され、それぞれに魚市場が開かれたことの意義は大きい。京都の淀には、すでに平安時代末に魚市があったことは先にふれた。しかしここで売られていた魚介類は、その大半が加工品である。大坂にあった魚市は一般に雑喉場魚市と呼ばれるが、雑喉場は本来魚市場一般を指す言葉である。古来、喉はコンと読み、魚を数える単位であった。雑喉場は様々な魚が集まる場所という意味である。雑喉場といえば大坂の魚市場を指すようになったのは、それだけその規模も役割も大きかったからである。

　正徳3年（1713）に刊行された『日本新永代蔵』（北条団水作）には「又とたぐいなきは雑喉場の朝市、取りわけ春は魚島の肴早船五手の櫓に汗玉をみだして問丸の岸につく」と記されている。朝市には、大坂周辺の和泉や瀬戸内海各地、あるいは紀州の熊野あたりからも魚介類を載せた早船が雑喉場に着岸する。「五手の櫓」は10挺の櫓がある船で、江戸日本橋魚市に魚を運んでいた「押送船」よりもさらに櫓数の多い高速艇である。魚島は瀬戸内海の燧灘にある小島で、正保2年（1645）刊行の松江重頼編の俳徊書『毛吹草』にも、讃岐国（現在の香川県）の特産物として「魚島の鯛」が上げられている（現在、魚島は愛媛県に属している）。春から夏にかけて瀬戸内海で獲れる真鯛は「桜鯛」と呼ばれ、風物詩として珍重されたが、特に初夏の魚島周辺の海には、鯛や蛸が産卵のため集まる。ちなみに江戸の同じ時期の風物詩といえば初鰹である。鎌倉沖あたりで獲れた鰹は八丁櫓船で江戸に運ばれ、それを待ち望んでいた人々は争って買い求めた。魚島と大坂では優に220km以上の距離がある。江戸と鎌倉は直線距離で30km前後、三浦半島を迂回する

ことを考えても精々50kmほどである。船の櫓数が多いのも当然であろう。漕ぎ手たちはそれを「汗玉をみだして」漕いでいた。鮮度が命の生魚でも、魚島の鯛はさらに別格の扱いだったのである。

　このような規模の大きな魚市場はどのように形成されたのだろうか。大坂に石山本願寺が建てられ、その寺内町が形成された明応5年（1496）に、すでに魚介類一般を取り扱う魚市はあったと考えられる。その後天満鳴尾町に魚商人が集まっていた時期があり、豊臣秀吉の大坂城築城後にそれが船場、本靭町、本天満町に移された。この頃は干物や生魚、川魚など様々な魚介類を扱っていた。ところが、江戸時代に入り、元和4年（1619）に本靭町、本天満町で営業していた魚商人のうち、鮮魚をあつかう商人17軒が上魚屋町に移転した。鮮魚をあつかうには舟の便が悪かったからである。こうして鮮魚だけをあつかう専門市場が誕生する。後に上魚屋町の商人たちは、さらに船の便のよい鷺島に出張所のようなものを設けた。これが延宝年間（1673〜1680）には雑喉場と呼ばれるようになり、しだいに上魚屋町は廃れて雑喉場魚市だけが残った（『資料大阪水産物流通史』）。

　江戸ではどうだったろうか。天正18年（1590）に江戸に入った徳川家康は、漁業の先進地域である摂津国西成郡佃村・大和田村の漁民30名あまりを江戸に移住させ、漁獲物を幕府に献上させた。その際余った魚介類を販売する権利を与えた。次第に同業の魚商人が集まって、日本橋小田原町に売り場を開設したのが魚市のはじまりと伝えられている（『日本橋魚市場沿革史』）。

　江戸の人口は急速に増え、魚介類の需要もそれにつれて増加した。魚市も本小田原町から本船町に拡大し、最終的には4つの組が形成された。この日本橋魚市の四組は、主に鮮魚をあつかうが、合物もあつかう権利をもっていた。延宝2年（1674）に、日本橋魚市の一部は分裂して、本材木町に新肴場を作り、もっぱら鮮魚をあつかった。また、日本橋の魚市の対岸には合い物をあつかう市場ができ、日本橋界隈は広大な総合魚市場へと変貌した。さらに享保年間には芝に雑魚場（ざこば）と呼ばれる魚市もできた。（吉田伸之『魚市場のにぎわい』）。

　こうしてみると、大坂と同様に江戸でも、権力者による都市計画の都合によって始まった漁業や魚介類の取引場は、やがて独自の発展をみせ、最終的には船場・雑喉場あるいは日本橋周辺に巨大な総合魚介類市場を形成するに

至った。魚市の拡大の過程で、鮮魚と合い物取引との分化も進んだ。これは、江戸時代になって、大都市を中心に鮮魚の消費が大幅に拡大したことを意味している。一部の支配層の、饗応の膳や漁村の賄食でしかなかった「刺身」は、江戸時代になって、都市住民の口にも入るようになった。ただし、季節が限定され、魚市から遠くない市中の人々に限られていたことはすでに記した。

　ところで、魚市が拡大・発展すると、魚市に魚介類を提供している漁村にも様々な変化がおこった。江戸の市域が拡大するにつれ、魚をあつかう商人たちも増えた。彼らは安定的に魚介類を確保するために、次第に漁村との関係を深めるようになった。網や船などの高価な漁具や水主（漁船の漕ぎ手）などの労働力を確保する資金を貸し付けるかわりに、漁獲物を独占的に安く買い取る約束を取りつけた。このような魚問屋と漁村との関係を問屋仕込み制度という（二野瓶徳夫『漁業構造の史的展開』）。

　熱海から連絡船で30分ほどいった洋上に、初島という周囲4kmほどの小島がある。この島は江戸時代末から明治・大正時代に至るまで、ほぼ家数は41軒のまま大きな増減がなかった。この島の主要な生業である網漁を、それぞれの家が平等の権利で営んでいたからである。漁の際は1軒から1人の労働力が出され、漁獲物の売上げも平等に分配されていた。相模湾に回遊してくるアジやイサキ、タカベ、イカなどが獲れ、船で日本橋魚市に運ばれ、仲買人によって売りさばかれた。初島がいつの段階から特定の問屋と関係があったのか、またその内容がどのようなものだったのか、詳しいことは分かっていない。しかし、近代以降もその関係はある程度続いていたようである。

　大正時代、魚市場の仲買人から初島の魚商に一通の手紙がまいこんだ（水産総合研究センター所蔵古文書目録「初島史料」）。それによると、初島で獲れた鯵を競りにかけたところ、かなりの安値で落札されてしまった。初島側は売り負けではないかと抗議したが、魚市場の言い分はそうではない。初島の漁獲物が日本橋まで運ばれる方法は二種類あった。初島から自前の発動機船で三浦半島の三崎に持ち込み、ここで樽詰めされて汽船に積み替える方法と、漁船で網代に向かい、そこで樽詰めして汽船に積み替える方法とである。この日に水揚げされた鯵は、三崎経由で日本橋まで持ち込まれており、それが通常の方法だったようである。しかし、網代積みの方が初島から近い分、

樽詰めが早くできて鮮度がいい。初夏の暑さが災いして、三崎経由の鰺は少しやわらかくなってしまった。折悪しく、房総から大量の鮮度のよい鰺が入ってきた。安値になったのは、魚市場の仲買人のせいではない。しかし、その後がおもしろい。初島の魚商は網元から、ある程度一定の値段で漁獲物を買い取っていた。そのことを知っていた魚市場の仲買人は、今回の安値による初島の魚商の損失を、自ら補填してもよいと申し出たのである。漁業は魚の回遊状況や、地理的条件など様々な要素に左右され、浮き沈みは農業以上に激しい。資本の蓄積のない江戸の近郊漁村では、漁具や資金を提供してくれる上、獲った魚を必ず買い取ってくれる魚市場の問屋の存在はありがたい。反面、安く買い叩かれることもしばしばで、価格の決定から漁期まで、魚問屋に決定権を握られる漁村は多かった。そして、このような関係は明治以降になっても一部では存続していたが、流通の近代化が図られた太平洋戦争後にほぼ消滅した。

　江戸時代に三都で発展をみせた魚市場は、その後各藩の城下町にも設けられるようになった。魚食文化の成熟は、都市の発展と魚市場の成長に依存している。仮に水産資源の豊富な海があったとしても、近くに消費地や魚市場があり、そこまで魚を運ぶ方法がなかったら、産業としての漁業は成立しない。三都はそれぞれ置かれている地理的な条件が異なる。一番内陸に位置する京都では、古くから琵琶湖の鮒や鯉、桂川の鮎など内水面の魚が多く利用されてきた。鮒鮨や鮎鮨が京都市中で行商人によって売られ、饗応の膳では鯉の膾あるいは刺身が高級とされたのはそのせいである。海のものは日本海側から入ってくる塩鯖や塩鰤、瀬戸内海の鯛などだが、鮮魚の状態で入ることは少なかった。15世紀末に蓮如が石山本願寺を建て、16世紀末には豊臣秀吉が大坂城を建てて、城下町としての大坂が形成されると、瀬戸内海だけではなく遠く熊野灘あたりからも鮮魚が入ってくるようになった。海産物の利用が一気に拡大したのである。そして、16世紀に成立した江戸は、魚介類の豊富な江戸湾を持ち、房総半島や相模湾・駿河湾から様々な海産物がもたらされた。江戸時代の後半になると三陸沖からも入ってきた。また周辺には霞ヶ浦・北浦や隅田川・多摩川などの内水面も豊富にあった。まさにおいしい魚介類の宝庫といってよい。魚食文化の発展も、江戸のそのような地理的・社会的条件に大きく規定されていた。

6．鰹節、鮪節の製法と三陸地方

　最近でこそあまり見かけなくなったが、ほんの数十年前までは、関東の人々は正月を越す前に、たいてい荒巻鮭と呼ばれる塩漬けにした鮭を１本購入したものである。この習慣は江戸時代に始まるが当初は贈答用で、例えば東北の三陸方面の河川で獲れた鮭は、塩で加工されて「南部の鼻曲鮭」として江戸で珍重された。

　岩手県の三陸海岸に吉里吉里という場所がある。井上ひさしの小説「吉里吉里人」に登場する地名と同名だが、小説はあくまでも東北の架空の町という設定だから、ここが舞台というわけではないようである。吉里吉里の地名の由来は、白砂の海岸を踏み鳴らした時の音からとも、また北東部に突き出た断崖の半島の形容からとも言われている。

　豊臣秀吉の小田原攻めに際して、相模から気仙沼に逃れ前川を名乗った前川富久は、父の富英の死後、吉里吉里に移住して漁業・廻船業に携わって財を成した。富久の子富永は前川善兵衛を名乗り、後には前川家当主は代々この名を継承するようになる。前川善兵衛家は東屋孫八の商名で、煎海鼠や干鮑など海産物の江戸・長崎への廻送に携わり、さらに醸造業や鉱業にも関わって、三陸地方有数の特権商人として三都にその名をとどろかせた。

　中央水産研究所図書資料館には、「前川善兵衛家文書」が保管されている。前川家が扱った水産物の種類は多様で、明和元年（1764）の「三閉伊魚類五十集物十分一役立覚」には鮭塩引・鱒・鰤・干鱈・干鰯・鰹節・鯣・赤魚・いるか・鮫・鮑・煎海鼠・鮪・鯛・鱸など46種類もの魚介類が列記されていた。その半数は加工品だが、魚名のみ記載されているものも、藩外に売りに出されるもの（他領出し）は大半が何らかの加工品であろう。

　前川善兵衛家文書の中に「中南部より関東筋為登方荷物売捌并諸割合覚書」と題する史料がある。『大槌町漁業史』を書いた沢舘栄吉によると、表紙に書かれている「安渡上乗　里屋藤兵衛選」の里屋は前川家の分家里舘家にあたり、前川家の交易の根拠地とされた安渡の湊に居住した。藤兵衛は他の史料から、江戸時代後期の文化年間（1804〜1818年）に活動していたことがわ

かっている。上乗とは積荷とともに廻船に乗り込んで、積荷の処分などに責任を負った荷主の代理人である。江戸と三陸との間を何度も往復し、前川家に代わって荷物を監督した。この史料には江戸で海産物の売り買いに携わってきた藤兵衛の経験が詰まっている。海産物の値段やそれぞれの売る時期、売り方の注意点、輸送や樽詰めの仕方など様々な注意書きが記されていた。その中に鰹節・鮪節の作り方を記した部分がある。三陸の鰹漁は現在でもさかんで、「戻りカツオ」は脂ののりがよく、東京あたりでは初秋の味覚として知られている。鰹節の生産も細々ながら行われているものの、鹿児島や静岡に比べて生産量は圧倒的に少ない。

　先の前川家の覚書が書かれた文化年間より少し下った文政5年（1822）に、「鰹節番付」なる刷物(すりもの)が作られている。元々「番付」とは、江戸時代の初期から始まり、歌舞伎や相撲の興行に際しての出演者の紹介と宣伝を兼ねた刷物をさす。江戸時代の後半になると、各地の名所や名産品・寺社・長者の番付など様々な「見立て番付」が作られるようになった。この「鰹節番付」もそのうちの一つである。鰹節の研究者として知られる宮下章は、そこに登場する鰹節の産地を詳しく検討した（ものと人間の文化史97『鰹節』）。現在では、ほぼ静岡県と鹿児島県に集中している鰹節製造だが、この番付には、北は八戸から南は屋久島まで、太平洋岸の21か国120か所が登場している。重要な現金収入源として、各地で競って鰹節が作られていたことがわかる。

　西の大関には薩摩の役島節（今の屋久島）、東の大関には土佐の清水節が上げられ、上位20位までを土佐、薩摩、紀伊の3か国が占めていた。40位前後にようやく伊豆田子節、安良里節などの東国産が入り、房総（千葉）、駿河がそれに続く。さらに北の東北産は70位前後に磐城（福島）の江名節がようやく見え、下位にいくほど多くなっている。つまり、江戸時代後期では、鰹節の品質は土佐、薩摩、紀伊など西の太平洋岸の国々が圧倒的に高く、房総や伊豆などの東国がそれに続き、東北産はかなり低い評価に甘んじていたことになる。上位の3国は鰹漁が古くからさかんで、都にも近く、特に紀伊の印南の漁師は、生きた鰯を餌にして鰹を一本釣りにする鰹釣溜め漁を開発した。この漁法は、西は土佐・薩摩、東は房総を経て東北にまで波及し（田島佳也「近世紀州漁法の展開」）、気仙沼の唐桑半島に伝わる17世紀後半の古文書に紀州三輪崎の漁民を唐桑の有力者が招き入れ、鰹釣り漁技術の摂取に

務めたことが記されている（宇野脩平『陸前唐桑の史料』）。これほど鰹節製造が各地で盛んになった背景には、江戸時代の初頭から中期にかけて特に紀伊・土佐でその製造法が開発・工夫されたことが大きい。

　そもそも鰹節製造はいつから始まったのだろうか。古代にはすでに「堅魚煎汁」が伊豆や駿河で作られ、貢納されていたことはすでに記した。これは鰹の旨み成分が、すでに調味料として活用されていたことを示している。また「煮堅魚」と呼ばれる生利節のような加工品も、やはり駿河で作られていた。これは調味料というより副食物というべきものであろう。

　鰹節の語が見えるもっとも古い文献は、永正10年（1513）の「種子島家譜」で、「かつほぶし」と書かれている。寛永3年（1622）頃成立した『三河物語』には「鰹節は薬剤に非ずと云うとも、時として飢に及ぶ時、是を噛まば精気を助け、気を増し、飢を凌ぐのみならず、功ある物なれば必ず用意すべき事也」と書かれ、江戸時代に成立した兵法書には、兵糧あるいは戦陣の非常食として鰹節が重宝されたことが記されている。これは戦国時代の経験に

鰹釣溜め漁の図
紀州漁民がはじめた鰹溜め釣り漁。生餌の鰯を入れた桶に海水を汲んでいる

もとづくもので、調味料として用いたものではない（宮下章『鰹節』）。一方、長享3年（1489）に伝写された「四条流庖丁書」には「花鰹」の語が見え、室町時代の後期にはすでに鰹節が調味料として料理に用いられていた。

恐らく、鰹の加工品そのものは、古くから宮廷の行事や神饌、副食物として用いられており、戦国時代では兵糧食としても活用されるようになった。一方、武家文化の融合が進み精進料理などの影響もあって、「日本料理」が京都を中心に独自の発展をとげ、鰹節は椎茸や昆布などとともに調味料としての地位を高めるようになった。江戸時代になると大坂・江戸の発展にともなって、それらの料理文化も支配階級を中心に一層波及し、急速に鰹節の需要が高まるようになった。当然旨みの凝縮された、状態のよい鰹節が求められることになる。

17世紀前半に書かれた俳諧書の『毛吹草』には、諸国の名産品として土佐（高知）と肥前（大分）の二国の項に「節鰹」が上げられている。19世紀の「鰹節番付」で上位に名のあがっている薩摩（鹿児島）や紀伊・駿河（静岡）などは上がっていない。この江戸時代の前期と後期の変化の背景には、鰹節をめぐる大きな技術革新があった。

今日、鰹節は削った状態のものがパック詰めされて売られており、一般家庭ではもっぱらこれが用いられている。しかし料理専門店などでは本枯節と呼ばれる堅く仕上げられた小刀状の鰹節が使われることも多い。この本枯節の製法は延宝2年（1674）に紀伊印南浦の漁民角屋甚太郎が、土佐の清水七浦の一つ宇佐浦に入漁して、当地で始めた熊野節に端を発する。宇佐浦の沖に回遊する鰹は、鰹節を製するにはちょうどよい脂の量で、しかも鰹を煮熟して燻すための薪が豊富にあった。切り身にした鰹を煮熟（ある程度長い時間をかけて煮る）して薫乾（薪を焚いて燻す）し、日干する。後にはわざと黴を発生させ、表面を拭き取って、さらに新たな黴を発生させて、中の水分を抜く作業を繰り返すという工程が加わった。こうして堅く締まった木片のような本枯節が完成した。この鰹節は生臭みのない澄み切った旨みを出すことができ、享和3年（1803）に出版された『新撰庖丁梯（おもかげ）』で「精饌（ごちそう）には必ず土州のものに限るべし」と称えられた。高知藩は土佐式の鰹節を藩の名産品とし、その製法を他国に漏らさないように努めたとされる。しかし、一方では、その製法の一端をなんとか知りたいと考える鰹節の産地もあり、製法

文政5年の「諸国鰹節番付表」

技術の伝播に活躍した人物もあらわれた。ここでも紀州の出身者が活躍する。

甚太郎と同様、紀州印南出身の漁民だった与市は、土佐にたびたび出漁して土佐式の鰹節製法に習熟した。天明年間（1781〜1788年）には鰹を追って房総半島に赴き、当地に土佐式鰹節製法を伝えた。その功績は大いに称えられ「土佐の与市」と呼ばれるようになった。先の「鰹節番付」で、土佐・紀伊・薩摩の三国に次いで房総や伊豆など東国の鰹節がランクされるようになったのも、与市の功績が大きい。しかし、製法の流出を許すことになった土佐では一時期、与市の土佐への入国を許さなかった。

先の「中南部より関東筋為登方荷物売捌幷諸割合覚書」に話を戻そう。覚書の中に「鮪節拵方之事」と題する部分がある。そこには次のように記されていた。

「鰹ふしは水エ入ヨワラヌ内に切ル也但し釜ニテニル程よし、一日ニ六釜位煮ルカヨシ、鰹ヘ油カヽリ候ハヽ、アク水ヲさしテニルカヨシ」

鰹節の製法に関してはわずかにこれだけしか書かれていない。「釜ニテニル（煮る）ほどよし」とあるのが注目される。「六釜」つまり6回にわたって煮ることを説いている。

鰹は2月ごろに黒潮に乗って南西諸島から薩摩沖、土佐沖と北上し、5月には関東の沖合にやってくる。江戸庶民の初鰹狂想曲はこの時期のことで、たいてい鎌倉沖で捕獲された。その後夏場に三陸沖を経て北海道沖まで北上した後反転して南下をはじめ、9月頃再び三陸沖を通過した際に捕獲されたものが「戻りカツオ」である。鰹は北の低温の海に行くほど体に脂肪を蓄えるようになる。いわゆる「脂がのる」という状態になる。「戻りカツオ」は生で食べるには美味だが、鰹節には脂肪分がありすぎて適さない。東北産の鰹節が、かつてあまり品質が高くなかった原因の一つがそれだった。江戸で各地の製品を見聞きした藤兵衛が、三陸産の鰹節を製する際の注意として「覚書」の中に「ニル程よし」と記したのだろう。それにしてもこれだけの記述から、具体的な製法を知ることは難しいが、先の番付の評価から考えても、三陸には土佐式の製法がまだ知られていなかったようである。

続いて「覚書」のなかには、4項目にわたって鮪節の製法について触れている。鰹節と鮪節の製法を取り混ぜて記しているのは、両方の製作を同じ集団が担っていたからであろう。

「鮪ハ水揚致候ハヽ、一夜休メ少シヨワルヨシ、（中略）煮方一日ニ五釜位ニルカヨシ、薪ハ可相成ハ松木ニ而ニツよし」

鮪節はシビブシともいわれ、寛政11年（1799）刊行の『日本山海名産図会』には、九州では小さい鮪を干して干鰹の似せものとするとあって、あくまで鰹の代用品だったようである。大正2年に刊行され、近世以来の全国各地の水産製品を解説した『日本水産製品誌』には、「之（鮪）を節に製する事の早く開けたるは薩摩、土佐等にして、陸前、陸中等には全く近年に開けたり」とあって、鰹節と同様に鮪節も薩摩や土佐から始まったようである。「覚書」には、鰹節を製する際には魚体が弱らないうちに切って一日六釜位煮るのに対し、鮪節では一晩おいて弱らせ、五釜位煮ると書かれている。一見鮪の方が脂肪も多く、煮る回数も多くなるように思うのだがそうではない。鮪の場合は煮た後にセイロに取って火乾し、天日干しをしてまた火乾という工程を3回ほど繰り返す。その方が「力よし」とある。干しあがった鮪節は土の上に積み重ね、その上から桶をかぶせて周囲を赤土で固めておく。「土用過ニ取出シ秋風ニアテルカよし」とある。

『日本水産製品誌』には、肥前国（佐賀県）松浦郡の鮪節製法が記されている。それによると、脂の少ない部分を選んで切り身にした鮪を二回に亘って煮た後、火乾を五日間行い、その際天日干しは一切しない。その後、板の上で自然乾燥を行っている。三陸の製法とは微妙に違う。

水産加工品は、近世以前では地域によってその製法はまちまちで、経験を積み重ねた各地の職人たちが、その土地の気候や風土などを考慮しながら工夫をこらしていた。鰹節のような大きな利益につながる製品の場合、土佐藩のようにその製法を外部に出さないようして、藩の利益を確保する動きがある一方、なんとか先進の製法を探ろうとする地域や、それらの地域に製法を伝えようとする漁民・職人の活動もあった。明治時代になると、「水産伝習所」などの教育機関ができて、製法を系統的に学習できるるようになったが、その際江戸時代までに各地で培われた経験的な技術が大きな役割を果たしていたことを忘れるわけにはいかない。

先の「鰹節番付」では、下位に甘んじていた三陸産の鰹節だが、幕末には一つの動きがあった。上総で生まれ、土佐に渡って鰹節・鮪節の製法を学んだ吉田与平が嘉永年間（1848〜1854年）に気仙沼にやってきて住みつくと、

土佐節の製法を伝えたという。ずっと後の明治30年（1897）に開かれた第二回水産博覧会で、三陸節は賞を受けた。これは与平の功績であったといわれている（『本吉郡誌』）。与平はさらに鯛節の大量製造に着手したがこれは失敗に終わったものの、デンブ・ソボロなどの製造法を現地に伝え、明治25年、当地で没した。

7．捕鯨と鯨食

　鯨や海豚（いるか）が魚ではなく哺乳類であることは、今では常識といってよい。生物学の分類が一般にも普及しているからである。しかし、古来日本では、鯨や海豚は魚としてあつかわれてきた。昔の日本人が無知だったからではない。日本でも古くから、鯨がえら呼吸をしていないことや鱗がないことから、他の魚とは違う生き物であることはわかっていた。しかし海に生き、魚と同形の生物である鯨や海豚を、魚と同様にあつかうことは、海と関わりながら生きる日本人にとって理にかなっていたのである。以下本節では、そのような歴史的な鯨理解に即して、近世以前の捕鯨と鯨食文化の一端に触れてみたい。
　　江戸中で五六疋喰ふ十三日（『川柳評万句合勝句刷』安永6年‐礼2）
　これは江戸時代も後半の安永年間（1772〜1781年）につくられた川柳である。日本各地で古くから、12月13日に煤払いを行う習慣があった。江戸では江戸城で先ず始められ、大名屋敷や旗本、町家に普及したらしい。今の大掃除にあたるが、これを「コトハジメ」とか「正月ハジメ」と呼んで、この日から正月の準備を始める地域が多かった（大島建彦・御巫理花共編『掃除の民俗』）。煤払いが終わると、その後にアンコロ餅や赤飯、五目飯を食べるなど、地域によっていくらかの違いがあるものの、何か特別なものを食べるのが通例だった。江戸では煤払いの日にアンコロ餅を食べ、次いで鯨汁を食べる習慣があった。この場合の鯨汁は、鯨皮の下にある脂肪の多い部分を用い、味噌汁にしたものである。脂が多く出るので後始末は厄介で、「くじら汁椀を重ねてしかられる」という川柳も残っている。江戸の城下や町家の多くで鯨汁が食べられていたとすれば、12月13日の１日で相当量の鯨の白身が消費されたことになる。「江戸中で五六疋喰ふ」というのは、いくらか誇張があ

るもののそのことを表現していた（渡辺信一郎『江戸川柳飲食事典』）。明治時代になってからだが、正岡子規に「鯨汁しばらく勇を養はん」という句がある。鯨汁を食べると精が出て、「勇を養はん」という状態になった。また、白井冬青にも「三度目の寒さこたへぬ鯨汁」という句がある。年末の煤払いの日に鯨汁を食べる習慣も、これから本格的になる寒さに備えるという意味があったのだろう。

　ところで、江戸で食された鯨は、いったいどこからやって来たものだろうか。ここで当時の捕鯨地を概観してみよう。

　享保5年（1720）に書かれた日本で初めての捕鯨の専門書『西海鯨鯢記（さいかいげいげいき）』によれば、日本で最初の組織的な突き取り式捕鯨が行われたのは三河（愛知県）で、戦国時代末の元亀年間（1570〜1573年）のことであった。その後、紀伊（和歌山）の太地（たいじ）・古座（こざ）、土佐（高知）の津呂・浮津、安房（千葉）の勝山、肥前（長崎）の生月（いきづき）・五島・壱岐・対馬、長門（山口）の通（かよい）・川尻などで、本格的な捕鯨組織が作られ、それらは鯨組と呼ばれた。地域によって捕獲対象となった鯨の種類や捕獲方法・漁期は異なっていたものの、総じて沿岸に近づいてきた鯨を銛で突くなどして獲る「待ち」の捕鯨であった。これは明治時代以降に日本でも始まった、銃殺法あるいは砲殺法を用いた、いわゆる西洋式の近代捕鯨とは大きく違う点である。

　正徳2年（1712）に作られた江戸時代の図説百科事典とも呼ぶべき『和漢三才図会』には鯨の種類として世美（セミ）鯨・座頭（ザトウ）鯨・長須（ナガス）鯨・鰯（イワシ）鯨・真甲（マッコウ）鯨・小鯨の6種類の鯨が上げられている。当時、日本の沿岸には今日より多くの鯨が回遊してきており、しばしば瀬戸内海や江戸湾などの内海にも入ってきた。瀕死の鯨が浜に流れつくこともあった。それらを恵比寿ととらえた浜の人々によって、食用に供され、その後遺体を葬り、供養碑が立てられることもあった。また、鯨組の捕鯨によって栄えた長門の通浦（山口県長門市）の向岸寺（こうがんじ）には、鯨の胎児を埋葬した墓や捕獲した鯨の戒名を記した過去帳もあった（吉村友吉『房南捕鯨　附鯨の墓』）。そのような供養碑や鯨墓は日本の海岸の至るところで見られ、日本人と鯨との関わりの中に、海の幸を自然の恵みとして受容する自然観が表現されているといってよい。

　延宝3年（1675）に太地の和田角右衛門によって考案されたとされる網取

り式捕鯨法によって、従来捕獲が難しかった座頭鯨や長須鯨なども捕獲できるようになった。網取り式といっても、網を絡めて動きを弱めてから銛で突き取る方法で、網絡式突取法あるいは網掛突取式捕鯨（中園成正『くじら獲りの系譜』長崎新聞社）と呼ぶ研究者もいる。この方法は鯨が死んだ後も沈みにくく、取り逃がすことが少ないため、やがて土佐、肥前、長門などの鯨組にも広まった。

　江戸で食された鯨は、いったいどこからやって来たかという先の疑問に戻ろう。江戸近海で捕鯨が行われていたのは、房総半島の勝山（南房総市）を中心とした地域である。三浦半島と房総半島にはさまれた浦賀水道の入り口あたりの海域に夏場になると槌鯨がやってくる。これは抹香鯨などと同じ歯鯨と呼ばれる種類で、髭鯨と違って歯を持ち、体長は10m前後と比較的小型である。先の『和漢三才図会』にその名はないが、文献にはしばしば登場する。普段1000m以上の深い海を回遊する。急速に深く潜水する性質があるので、網取り式の方法は用いることができず、もっぱら突取法で捕獲された。

　年末の煤払いの頃に江戸で売られた鯨の皮身は、この房総の槌鯨だろうか。しかし、槌鯨の漁期は夏場の6〜8月で、12月まではかなりの間があるが、鯨肉は捕獲されて解体されると塩をほどこされることが多く、ある程度日持ちがするので鯨汁に利用された。

　その油は良質で、皮の下の脂部分はほとんど鯨油として消費されていた。鯨油は江戸時代では、灯火用やろうそくの材料として、あるいは水田の蝗の害を防ぐための除蝗剤として用いられた。ちなみに、同じ歯鯨の抹香鯨も油は良質で、幕末に日本近海（ジャパングランドと呼ばれていた）で操業を始めたアメリカの捕鯨船はもっぱらこれを狙った。彼らは採油だけが目的だったので、身の肉などを捨てていた。捕鯨船の補給基地が必要になったアメリカは、日本に開国を促すためにペリーの艦隊を送った。

　赤身はそれほど持ちがよくないので、やはり塩にされ、ほとんどは地元で消費された。概して槌鯨の赤身は、食用としてあまり歓迎されていなかったらしい。江戸時代の農村支配のマニュアル書とも言うべき「地方書」の一つ『地方凡例録』（寛政6年（1794）完成）には、「関東にても房州勝山藩に鯨漁あり、是ハ土鯨とて小くして身ハ喰えず、肥しになる油を重に取る、尤も皮の白身ハ食料に商売す」とあり、赤身は食用対象から除外されていたが、

白身は「商売す」とあったから、槌鯨の白身も使われていたかもしれない。
　鯨汁の材料は皮の白身部分とはいえ、「五六疋喰ふ」という煤払いの鯨汁の需要を、房総の槌鯨だけで満たしたかどうかわからない。
　江戸の人々が煤払いの日に食べた鯨汁の鯨は、行商の鯨売りによって売られていた様子が川柳に登場している。
　鯨売り胴に突く内銭を待ち（『川柳評万句合勝句刷』明和3年－智2）
　「胴に突く」というのは現在の胴上げである。煤払いが終わると、江戸では祝儀としてその場の一同を次々に胴上げする習慣があった。鯨売りはそれが終わるまで、勘定の支払を待たされたのである。また、次のような川柳もある。
　一年と大きな魚を台にのせ（『川柳評万句合勝句刷』安永8年-礼5）
　年末になると、江戸でも伊勢暦を売る伊勢の御師（おんし）がやってくる。江戸時代の暦は三島暦・京暦・丹生暦・会津暦など地方暦が40種類ほどあったが、伊勢暦は全国的に普及していた。伊勢神宮は「お伊勢さん」と呼ばれ、江戸時代の庶民の多くは、一生に一度は参詣を果たしたいと願った。しかし、高額の費用が掛かり、実際に赴くことは中々できなかった。そこで、町や村に「講」と呼ばれるグループを作り、皆で少しずつ積み立てをするようになった。くじ引きで当たったものだけが、毎年伊勢にお参りできるという仕組みである。ほとんどの参加者が、一生に一度は参詣を果たせるようになっていたようである。これを伊勢講という。この伊勢講の一行を案内してもてなすのが御師の役目で、彼らは年末になると刷り上った伊勢暦を持って、自分の担当の地域にでかけていく。その時に塩鯨も一緒に持っていき、売り歩くことがあった。「一年と大きな魚」というのは伊勢暦と塩鯨ということである。正保2年（1645）刊行の俳諧書『毛吹草』にも、伊勢の名産として鯨と暦が、伊勢の56品の名産品の中に含まれている。江戸に、遠く伊勢近辺で獲れた鯨が届いていたようである。
　『江戸往来』は、いわゆる往来物の一つで、寺子屋の教科書にもなった。寛文9年（1669）に出され、江戸の生活や行事などが簡略に記されていた。この中に諸国の産物が列記され、「三河の鯨百尋」が上げられている。「鯨百尋」は現在でも売られているが、背美鯨の小腸を塩茹でしたもので、古くから珍味として知られていた。これが江戸で知られていたのは、伊勢や三河あ

るいは熊野で捕獲された鯨が、江戸にも入ってきたからである。実際、三河から紀伊にかけての海域では、秋口から翌年の4月頃まで鯨組の操業が行われ、その規模も捕獲量も、そして鯨の種類も房州のそれをはるかに凌駕していた。

　これまで繰り返し見てきたように、日本の魚食文化の進展は、地域食として始まり、京都そして大坂で料理として成熟し、江戸で大衆化とともに普及が進み、今日に至っている。江戸前ずしはその典型である。鯨食の文化も同様の道筋をたどって江戸に流入したのだろうか。

　江戸時代以前の捕鯨について見ておこう。すでに触れたように縄文時代の貝塚から鯨の骨が出土し、弥生時代には鯨の脊椎骨が土器を製作する台に使われていた。また、鯨の骨を用いたアワビ起こしも発見されている。奈良時代の「正倉院文書」には、鯨骨の「笏」の記述がみられる。「笏」は貴族が束帯姿になって宮中の儀式などに参列した際に持つ長い板状のもので、通常木製あるいは象牙製だが、鯨の骨で作られた笏も使われていたのだろう。また「万葉集」には「鯨魚取り」の語が「浜辺」あるいは「海辺」の枕詞として登場している。原始時代から日本人が鯨となんらかの関わりを持っていたことは確かであろう。

　一方、平安時代の魚介類の利用を探る上で貴重な資料を提供する『延喜式』には、鯨に関連した産品は登場していない。他の文献を見ても貴族たちの饗宴、例えば大臣就任の際の饗応である大臣大饗でも、鯨がふるまわれた形跡がない。古代に、浜に打ち寄せられた寄鯨を利用し、初歩的な捕鯨によってその骨や鬚が利用されたことは確かであろう。食用に供されたこともあったに違いない。しかし、特に律令制の時代は、中国文化の影響が強い。中国で鯨料理が発展しなかったのと同様、この頃日本でも、大饗などの公式の膳や神事の場で鯨は用いられなかったようである。

　鎌倉時代の末に書かれた仏教史書『元亨釈書』には、平安時代の長元8年（1035）の記事として「紀伊国有馬村に大魚上る、長四丈八尺、油三百樽を得る」とある。「四丈八尺」は約14メートルで、これは鯨であろう。鎌倉幕府の事績を編年体で記した『吾妻鏡』にも貞応3年（1224）5月13日の記事に「近国の浦々大魚その名分明ならず、多く死して波の上に浮く。三浦崎・

六浦・前浜の間に寄せ、充満す。鎌倉中の人挙げて、その宍を買い、家々でこれを煎る。かの油を取る。異香閭巷に満つ。士女これ旱魃の兆しという。」とあって、打ち上げられた鯨あるいは海豚から、人々が油を絞っていたことがわかる。これらは、寄鯨といって、たまたま浜に打ち上げられた鯨を利用したもので、その利用の第一は油を絞ることにあったようである。ちなみに海豚も鯨の仲間で、両者に本質的な違いがあるわけではない。日本では海豚漁も行われてきた。室町時代の前半頃までは、鯨が食されていたことをはっきり確認できる史料に乏しい。食べることはあったろうが、地域で消費されるに留まっていたのだろう。

　様相が変わってきたのは室町時代後半の15世紀以降のことである。室町幕府の政所執事の被官として、後に政所代を努めた蜷川親元は、自身の日記（『蜷川親元日記』）の寛正6年（1465）2月25日に「伊勢国より鯨荒巻廿」が進上されたことを記している。また、文明13年（1481）2月20日には尾張から「鯨荒巻十」が進上された。「荒巻」は『和名抄』に「葦、竹の皮、わらなどで魚を巻いたもの」と説明されており、恐らく塩鯨であろう。いずれも2月で、江戸時代以降の伊勢、尾張、熊野の海域での捕鯨の時期と一致する。

　三浦浄心によって書かれた『慶長見聞集』（慶長19年（1614）成立）には次のように書かれている。

　「愚老若き比、関東海にて鯨取事なし。死たる鯨東海へ流れよるを、人集て肉を切取、皮をハ煎して油をとる事、度々におよぶ。然ハ昔貞応二年五月鎌倉近辺の浦々へ名をも知ぬ大魚死て浪に浮ひ三浦崎六浦の海辺へ流れよる（中略）、伊勢・尾張両国にてつく事有。是より東の国の海士はつく事を知らず」とある。鯨の産品が伊勢及び尾張から京都に進上されていることは、後の捕鯨の発生についての記述とも一致している（盛本昌広『贈答と宴会の中世』）。三浦半島に住んでいた三浦浄心が若い頃の16世紀の後半は、関東では鯨の突き漁は行われておらず、もっぱら寄鯨の皮から油を取っていた。これは先の『吾妻鏡』の記事とも一致し、恐らく平安から鎌倉時代を経て、室町時代の後半まで、少なくとも関東では寄鯨から油を絞り、地元の人々が肉を食べる程度が、鯨や海豚との関わりのほとんどであったろう。しかし、すでに伊勢・尾張では突き取り式捕鯨が行われていたという。

また、勧修寺晴豊の日記『晴豊公記』の天正10年（1582）2月27日に「伊勢一身田より禁裏へ三合三荷進上、鯨桶二つ、親王御方へ鯨桶一つ進上、余にも一つ、鯨桶入道殿へ一つ」と記している。鯨桶は木製の桶に鯨の肉が入ったものである。

　山下渉登が言うように15世紀から16世紀にかけての鯨の進上が、伊勢あるいは尾張であることは注目してよい（『捕鯨Ⅰ・Ⅱ』ものと人間の文化史120-1・120-2）。この一帯は古くから御厨があり、海民的集団が漁業に従事していた。蜷川親元といい勧修寺晴豊といい、かたや幕府の高官、かたや公家の名門の出身であり、贈答品として諸国の「美物」を受け取る機会を持つ人々である。その「美物」に鯨が入ってきたということは、15世紀以降、京都上層の人々を取り巻く食文化に、なんらかの変化があったことを意味している。中国の影響を離れて、日本の食文化の独自性が開花したのがまさに室町時代後半期であり、鯨料理の発生もそのような動きと無縁ではなかったと思われる。

　室町時代は様々な作法が新たに様式化された時代でもある。有職故実を前提としつつも、禅宗文化に代表されるような新しい気風をも取り入れた、新たな文化の形が生み出された。『四条流庖丁書』を初めとして、15世紀頃に相次いで料理書が出されつつあった背景には、このような社会の動きがあったに違いない。

　『四条流庖丁書』は、長享3年（1489）に書かれたとされる料理書である。その中に「美物上下之事」の一文がある。「美物」は魚や鳥など山海のご馳走をさした。美物にも上下があり、何をどの順番に出すかは、もてなす側の腕の見せ所であった。

　「美物上下の事。上ハ海ノ物、中ハ河ノ物、下ハ山ノ物」と山野河海の上下関係を正した後、「河ノ物ヲ中ニ致タレドモ、鯉ニ上ヲスル魚ナシ。」とする。京都は海から離れているため、新鮮な魚は湖などの内水面にいる鯉や鮒ということになる。その中でも最高の魚は、古代から鯉であった。庖丁式という、客の前で魚を真菜箸と庖丁だけでさばいて見せる儀式にもっぱら鯉が使われた。ところがその後に「去り乍ら鯨ハ鯉ヨリモ先ニ出シテモ苦シカラズ」と続く。美物として鯨を位置づけた料理書は、これ以前にはない。例えば鎌倉時代の末に書かれた『厨事類記』には、饗応の膳に出す膾の材料とし

て「鯉、鯛、鮭、鱒、鱸、雉」が上げられており、魚介類としては他に加工品として海月や海鼠・ホヤや海藻類が上っている程度である。書かれている順番は上下関係を表しており、ほぼ『四条流庖丁書』とも共通している。それだけに、『四条流庖丁書』における鯨の登場には目新しさを感じる。

　16世紀になると、鯨が饗応の膳に出される機会はさらに増え、しばしば将軍の御成の席にも供された（高正晴子『料理書に見る行事と鯨料理』）。このころ、鯨は料理の材料として、はっきり認識されるようになったといってよい。そして、その背景には、『慶長見聞集』に記されているように、伊勢・尾張の海民による捕鯨技術の革新があったのではないだろうか。彼らは安定的に鯨を捕獲する技術を身につけるとともに、鯨の利用について様々なことを試みたに違いない。どの鯨のどの部分が美味しいか、どうすれば保存できるかを彼らなりに研究したのだろう。そして、京の舌のこえた高官たちに進上した鯨は、恐らく最良のものであったろう。もはや鯨の味が広がるのに時間はかからなかったのである。

　江戸時代の熊野の捕鯨は、9月頃から翌年の4月頃まで行われ、捕獲対象も背美鯨・座頭鯨・抹香鯨・長須鯨など多様であった。捕獲数も群を抜いていた。一頭の鯨を捕獲するために、数艘から最大で30艘もの勢子船や網船などの、櫓の多い高速の小船が用いられ、それぞれの船には7～8人程度の人員が乗り込んだ。捕鯨は高度な操船技術が求められたため、初期の鯨組の水主には中世以来の水軍の出身者が多かったといわれている（田上繁『熊野灘の古式捕鯨組織』）。鯨組は、山の上から旗を振って鯨の回遊を知らせたり、捕獲に際して洋上の船に指示を出したりする山見や、鯨に近づいて銛を打ち込み、捕獲の最終段階で鯨の上に乗り、鼻孔に刃物を通して綱を通す羽刺、捕獲した鯨を解体して、部位に応じて然るべき大きさに切り分ける魚切など、様々な役目を負った大勢の人々が組織的に関わった。これらの人材を漁期の間確保しておかなければならず、給金を先払いすることも多かったから、かなりの資金を必要とした。当然、藩が財政をバックアップすることもあった。一方漁期に一定数の鯨を捕獲することは、規模の大きな鯨組の場合至上命題であった。それだけに、その利用は徹底していた。鯨肉が部位に応じて地元や大坂などの都市に流れ、脂肪層から油を取り、内臓も含め食用に供された。

第2章　原始・古代から近世までの魚食文化の変遷

髭鯨の髭は軽くて丈夫な上、弾力があったので、様々なものに用いられた。櫛や笄あるいは裃の肩衣に入れられ、鯨尺や文楽人形のゼンマイとしても使われた。肥前の生月の鯨組について書かれた「勇魚取絵詞」の附録として制作された「鯨肉調味方」には70もの部位について、その食べ方が詳細に記されている。「鯨一頭、七浦潤す」と言われた所以である。これは、鯨一頭が供給した恵みの大きさを表現したものだが、鯨が徹底して地元周辺で消費されたことをも意味していたといえよう。

　大規模な鯨組は西日本を中心に発展したので、鯨肉の調理法も京都や大坂で発達した。刺身やすし・天ぷらなどが上方から始まって、江戸でさらに工夫が重ねられて普及したのに対して、鯨食は江戸では上方ほど普及したわけではない。江戸近海は、紀伊や北九州などと違って、背美鯨など食用に適した髭鯨の回遊が少なかったからである。それゆえに日本の鯨食文化は地域性が強く、日本の伝統食とはいえないと主張されることがある。しかしそもそも魚食文化とは、総じて地域の特色を色濃くもったものであろう。

　鯨の食文化も、他のほとんどの魚介類と同様に、地域の人々の自然との関わりの中で始められた。海岸地形も海底地形も二つと同じものはない。それぞれの海に住む人々が、季節の変化や海流の動向と向き合いつつ、様々な種類の海洋生物を相手に、創意工夫をこらして漁具や漁法を開発して暮らしを営んできた。その中で多くの知恵が蓄積された。それは自然の恵みを利用する仕方であったり、海と関わる営みの中で培った人と人とのつながりであったり、あるいは自然に対する畏敬の念であったりしただろう。

　やがて政治経済の制度が整えられ、都市への人口集中が始まっていった。室町時代の後半には京都が、安土桃山時代・江戸時代には大坂が相次いで多くの物資を集める都市として成長した。江戸時代になると江戸は世界的な人口を持つ大都市へと発展した。魚食文化はこれら大都市の成長と軌を一にするように、多彩で洗練されたものとなり、魚市場は活況に沸いた。都市住民の消費への欲望が、魚食文化を更に洗練させた。

　一方、魚食文化の現場は都市だけではない。漁業が営なまれる漁村もまたその一つである。そこは一律には語れない自然との共生の場である。魚介類は海の恵みとしてとらえられ、恵比寿信仰を始めとした様々な信仰の宿る場でもあった。都市と漁村の有機的な関係が崩れたとき、漁業は自然から離れ

63

て、乱獲や環境破壊へと進むようになる。近世以前の魚食文化の有り方は、私たちに多くのことを語りかけているように思えてならない。

第3章　水産加工業の発展の足跡（西岡不二男）

1．輸出立国へと導いた生糸、缶詰、そして真珠

　ローマ軍が戦線をイギリスまで拡大し得たのは、腐りにくいパンを食料として兵士に供給できたからであるが、保存性が高い瓶詰を開発したフランスでも同様のことが起きた。ナポレオンが革命後のフランスをまとめるだけでなく全ヨーロッパを征服するという野望の基に、10年近くも戦線を拡大し続けることができたのは、保存性と安全性に優れた缶詰を食料として持つことができたからである。

　保存性と安全性に優れた缶詰は多くの国々で注目された。ドイツ、イギリス、アメリカは開発を競い、ビンよりも強いブリキ缶が生まれ、有害細菌の胞子をも死滅できる高温殺菌釜(オートクレーブ)が誕生した。しかし、ブリキ板が厚かったために、「斧とハンマーで開けてください」と書かれていたそうである。

　脱亜入欧と富国強兵を標榜した明治政府が軍隊食として缶詰に注目したのは確かである。明治７年に内務省勧農局（明治14年に農商務省）で試験研究を始めたが、ヨーロッパでの国内消費が増大していることを知り、明治18年にはサケ・マス缶詰をフランスへ輸出した。これが、缶詰の輸出第１号のようである。生産量の増加とともに使用する原料魚もイワシ、サバ、タラバガニと拡大したが、タラバガニでは黒変が起こり、対処技術の開発が急がれた。カニの缶詰を開くと、エナメル塗装と硫酸紙を目にするが、その技術は根室の碓井勝三郎（硫酸紙包装、明治33年開発）と水産講習所の技師（明治30年開設、明治40年に缶の内面塗料開発）によってもたらされ、イカ、エビも原料になった。黒変の原因は、原料から硫化水素が発生して缶の鉄分と反応して黒色の硫化鉄が生じたことであることが判明したのは大正時代になってからのことである。大正６年には製缶業が独立し、量産体制が整備された。国内消費の増大を目指した缶詰普及協会が大正11年に設立され、都道府県の水産試験場（明治33年設立）も加わって、大和煮、かば焼、しぐれ煮、のり佃煮などの日本人向け製品が次々に誕生した。また、缶詰輸出品の代表になるマグロ缶詰は昭和３年に静岡県水産試験場で開発された。

第 3 章　水産加工業の発展の足跡

　井上馨は第一次世界大戦を天佑（天のたすけ）と評したごとくに、日本はこの戦争を機に輸出立国へと舵を切り、その土台を缶詰と後述の生糸が築いた。また、昭和になると砂糖や綿製品も加わり、北海道ではいたるところでビート栽培が盛んになったし、綿は原料を求めてインドの奥地にまで買い付けに出かけたそうである。

　生糸に関しては、万人が知る十二単を作る高度な製糸技術や染色技術を持った国であり、鎖国下にあっても、俵産品とともに輸出が許可されていた。しかし、製糸の生産能力が低いために、輸出量は中国に遠く及ばないものであった。明治政府はフランスやイタリアから技師を招き、量産化体制に必要な機械化を図った。その成果が現れたのは明治42年である。シルクロードができて以来中国を越えることがなかった輸出量であったが、中国を越えて世界一の座に着いたのである。明治44年には蚕糸研究所の前身である国立原蚕種製造所ができて、繭の量産体制は更に拡大し、生糸検査所を横浜と神戸に置いて品質管理を徹底した。生糸は布団、肌着や靴下だけでなく、パラシュートにも用いられ、デュポン社のナイロンが出現するまで輸出の花形であり続けたのである。

　第二次世界大戦で荒廃した国土ではあったが、戦前の輸出の主力であった生糸産業と缶詰産業を振興させ、外国人が好む真珠も加わって輸出立国復興への尖峰となった。小学生時代の頃の思い出であるが、漁村までが養蚕業を副業にした。桑畑に行って葉の収穫を手伝ったし、紫色に熟した桑の実の美味しさを味わったものである。漁業に専念しろとの通達があったのか、副業は5年ほどしか続かず、底びき網船を建造して漁業専業になった。

　化学繊維の出現は、日本の生糸産業を大きく衰退させた。昭和30年代になると、綿糸や生糸よりもはるかに強くて手入れが簡単なナイロンを主体とする化学繊維が世界中に猛烈な勢いで普及した。衣類だけでなく、漁業の網や釣糸にも使用され、漁獲量も飛躍的に伸びていった。養蚕業の衰退に伴い蚕糸研究所も統廃合されてしまったが、生糸の検査技術は世界で最も高いと評価され、日本製の標準糸が今日でも世界市場で採用されている。しかし、目視検査が機械化されるのは世界の趨勢であり、生糸検査にも機械化の波が打ち寄せている昨今であると聞いている。

　缶詰産業は製品が多くなるたびに新たな課題が生じてきたが、水産研究所

の機器とスタッフの充実によって解明され、対処法が生まれた。しかし、昭和46年マグロ缶詰の水銀問題は予期しない出来事であった。水俣病で水銀が注目されているときであり、日本産のマグロ缶詰には水銀が含まれているので輸入を禁止するとの通達であったが、アメリカ国内では日本人の復讐（ふくしゅう）と真顔でささやかれたそうだ。水産庁は旧東海区水産研究所に水銀調査研究室を設置し、原因究明を急いだ。その結果、マグロ缶詰に含まれる水銀は製造工程で混入したのではなく、マグロが成長する過程で、食物連鎖の中で自家濃縮し、筋肉に蓄積されたものであることのほかに、マグロを食べて水銀中毒になった症例がないという意見書を添えて輸入再開の申請を行った。1年後に認められ、アメリカへの輸出は再開したが、円高の影響は缶詰産業にも大きな打撃を与え、戦前からの花形であった蟹工船も昭和49年に操業停止を余儀なくされた。また、大手の企業は製造拠点を東南アジアへ移し、空洞化と生産量の激減をもたらしたが、缶切が不要なラミネート缶を積極的に用いたことや、狂牛病への不安から、水産缶詰は堅調に伸びているようだ。

　食品ではないが、真珠も主要な輸出品であった。国内では女性の装飾品としての評価は真珠よりも珊瑚の方が上であった。特に高知県の特産であった血紅珊瑚は江戸時代の大奥で珍重されて以降、婚約や結婚の儀式に用いるなどの貴重品になった。しかし、諸外国では真珠を魔除けや幸せをもたらす貝として身に着けて珍重した。纓（えい）と言う漢字は沢山の貝に糸を通して女性の首を飾るネックレスのことであり、太古の時代から多くの国で用いられてきたし、時代の中で真珠が最高の地位を得たのである。日本での評価が低いのは服装の発達と関係しており、諸外国では首を大胆に出してネックレスで飾ったのに対して、日本では首元を和服の重ね着で飾ったからであろう。真珠はアコヤガイやカラスガイが産出する異常産品であり、多く入手できなかったから価値が高かった。伊勢志摩はアコヤガイが多く生息する湾であり、貝を採捕するための海女さんたちが多く育った地としても有名である。しかし、アコヤガイが多く生息しても得られる良質の真珠は5％以下であり、海女さん達の賃金を低くしなければ採算が取れなかった。

　その効率を高めるために生まれたのがアコヤガイを用いる真珠養殖である。養殖真珠の研究は明治の頃から始まったようである。水産庁の真珠研究所は昭和28年に設立され、正門庭の石碑には御木本幸吉、西川藤吉、見瀬辰

塀の名前が刻まれている。アコヤガイ養殖と真円真珠の開発に貢献した人達である。西川と見瀬は明治40年に、御木本は大正7年にそれぞれ特許を申請しており、日本が世界に誇る特許と評価できる。現在の養殖方法はピース式と呼ばれ、真円の核に外套膜片(がいとうまくへん)を付着させてからアコヤガイの生殖巣に挿入し、1～2年間の飼育で真珠層を成長させて真珠を取り出す方法である。西川の方法が現行法に最も近い。

養殖技術の進歩によって大量の真珠が容易にできるようになったのは確かだが、価格の高い光沢のある白色真珠はその生産率が低かった。この難問を解決したのが真珠研究所の業績であり、選抜育種法によって80％以上の確率で光沢のある白色真珠を産出する母貝を作り出すことに成功した。輸出は現在も続いているが、減少傾向にある。生糸産業も衰退の一途をたどっているが、等級別の標準糸を作成する検査官の育成を今後も続けるようである。真珠産業においても、核入れ技術を含めて養殖真珠に関する確かな技術の継承を真剣に考えるときだと提言したい。

戦前、戦後を通じて輸出が盛んであった水産物として以下の食品もあげてみたい。ふか鰭は干しアワビ、干しナマコとともに中華料理の高級食材として古くから有名であり、江戸時代からの輸出品で、俵3品と称して長崎から輸出していた。中でもふか鰭は長寿にあやかれるとして多くの中国人が珍重し、西太后の好物でもあった。見栄えの良い大型のふか鰭が珍重されたが、今日のような大型のサメを釣り上げることができる釣針が作られたのは大正時代である。

大型サメの捕獲は危険が伴うために、今日でもサメ漁は好まれない。湾内の漁師は危険なサメを避けておとなしいサメだけを捕ったが、その中に体重が50キロ以上に達するコロザメもあった。コロザメは別名を眠りザメと呼ぶように、激しい泳ぎが不得意なサメで、餌の魚介類を食べる時以外は海底で眠ったように横たわっている。その漁は実にユニークで、コロザメを見つけた漁師は輪にしたロープを手に持って潜り、尾鰭の部分にロープを静かに掛けてから船上に合図を送る。合図をもらった漁師はロープを一気に引き上げてコロザメ漁が終わる。冗談話と失笑されそうだが、明治から大正時代にかけて富津地方で盛んに行われた漁業であることを千葉県の資料館で知ることができる。コロザメが珍重されたのは鰭だけではない。肉はかまぼこの高級

原料であり、皮は刀の柄の滑り止めとして古くから使われてきた。山葵の美味しさを引き出すことができるのはコロザメの皮だけだと料理人が好んで使うようだ。

コロザメは仙台以南の多くの湾に生息していたようだが、性格のおとなしいサメで、乱獲の結果、国内ではほとんど見ることができなくなり、用途の広い皮は東南アジアから輸入されている。大型のふか鰭は遠洋マグロ漁の拡大に伴って容易に入手できるようになった。もちろん国内の加工業者がその大半を扱い乾燥品に加工していたが、マグロ船の補給基地であったケープタウンでは、華僑の手によって加工され中国へ輸出された。

ふか鰭には白翅(はくし)と黒翅(こくし)がある。ツマグロザメ、メジロザメ、マブカから作られた白翅はメジロザメなどから作った黒翅より高級とされてきたが、現在ではその区別もなくなっている。また、マグロ船がサメを捕獲し、鰭を切り取ってから海上投棄する映像が世界で放映され残虐だと非難されてから、入荷量が極端に減った。それを補うため、皮や骨からとったコラーゲンを再合成して大型魚の鰭の筋糸(鰭の繊維がほぐれてばらばらになった状態)に成型した製品が、多くの中華料理店で使用されている。

干しアワビや干しナマコは中国への重要な輸出食材であったが、国内においても、のしアワビに象徴されるように、祝いの膳に不可欠な食材として用いられてきた。国内では現在アワビやナマコは生食用としての需要が大きくなり、多くの県で養殖している。

今日の輸出品の中で最も伸びており、輸出単価が高いのはホタテ貝柱の白干しである。ホタテ貝柱は中華料理に使われる量が最も多かったが、最近では刺身食材も含めた冷凍貝柱の需要が多くなっている。

琥珀色をしているのに白干しという名前に、多くの人が疑問を抱くようだ。中国への輸出は明治時代に始まるが、初期の製品は貝殻だけを除いてから乾燥したので、強いメイラード反応で濃厚な暗褐色になり、黒干しと呼んで輸出した。明治30年代になると、貝柱だけを取り出し、加熱してから乾燥させる現在の方法に近い技術が開発され、明治30年の第2回水産博覧会には白干しとして出展されていた。当時の産地は青森県なので県の水産課に尋ねたが、確証が得られていない。

ホタテ貝の生産が多いのは北海道であるが、麻痺性貝毒を産生するアレキ

サンドリウム属のプランクトンが頻繁に発生し、出漁を停止する機会が多くなっている。貝毒を産生する渦鞭毛藻(うずべんもうそう)被害が最初に発生したのは和歌山県であったが、20年ほどの間に拡大し、北海道にまで達しているのが現状である。なお、貝毒は貝の中腸腺に局在しているが、食べる貝柱にも規制が及び、刺身などの生食の場合は1マウスユニット以下で、加工品の場合は4マウスユニット以下と定められている。また、アメリカ、EU、中国などへ輸出する場合にはHACCP認定工場などのように認定された工場だけに輸出許可が与えられている。

2. 世界で最も低い温度規格を持つ日本製の冷蔵庫

　日本が作る冷蔵庫の設定温度規格は10〜−2℃であり、世界中で最も低い温度領域に設定されていることを知る人は少ない。先進国に仲間入りした現在の状況下での設定であれば驚かないが、発展途上国の最中にあった日本が設定したことに驚き、その訳を調べてみた。

　敗戦後の日本は財閥解体や食糧不足で惨めな生活を強いられていたが、昭和25年に勃発した朝鮮戦争によって産業構造が一変し、俗に言う神武景気が始まった。都市の住宅はアパート化して急増する人口を受け入れたし、家庭には三種の神器ならぬ、三種の電化製品、即ち、冷蔵庫、テレビ、洗濯機が瞬く間に普及していった。それぞれの弱電メーカーは他社にない特徴を出しながら市場の拡大を競った。旧通産省は消費者擁護と互換性を盾にして工業製品の規格化を進め、冷蔵庫もその対象になった。

　アメリカのD社が開発した冷媒フロンを用いた冷蔵庫は先進諸国で広く普及しており、庫内の設定温度を20℃以下とするのが大半であった。しかし、途上国である日本の規格は、世界に例を見ない低温域（10〜−2℃）に冷蔵庫の温度を設定したのである。それには2つの大きな出来事が関係していた。

　一つは悲劇を伴った堺市の食中毒事件であり、二つ目は東京オリンピックの招致である。昭和24年6月に堺市で起きたチリメンによる食中毒では、数10名が発病し4人の死者を出し、また昭和26年にも堺市の病院で発生して2人が死んだ。堺市沖はシラスの産地であり、音戸チリメンほどには有名でな

いにしても摂津チリメンの産地として、関西では名前が通っていた。

　シラス漁とチリメンジャコの加工法だが、マイワシやカタクチイワシの稚魚（孵化(ふか)後40日程度まで）にはメラニン色素の沈着が少ないので魚体は透明だが、死ぬと白色化するのでシラスと呼び、茹でて乾燥させるとチリメン皺(しわ)のように不規則に曲がるのでチリメンジャコと呼ぶようになった。稚魚は泳力が弱いために潮に流され潮目に集まることが多いので、その群を網目の小さなもじ網ですくい取るという極めて簡単な漁法である。また、加工方法も簡単で、漁獲後直ちに塩水で煮熟(しゃじゅく)してから、目の小さい網かむしろ等の上に薄く広げ、天日と風で水分30％前後に乾燥させる。また、釜揚げと称し、煮熟しただけで乾燥させない製品を生産地近郊で市販することも多々あった。

　シラス漁の是非については、多くの県で今でも賛否両論が存在する。そのことを受けて、イワシ資源調査研究委員会が調査し、シラス漁はマイワシ資源の変動に影響を及ぼさないと２度も結論を出したが、マイワシの不漁が続くとシラス漁の議論が噴出し、禁止を求める意見が強まるそうだ。

　近年のチリメンの消費量は健康志向が強まる中で増えており、東南アジアからの輸入で需要に応えている。また、日本での食用化は古く、平安時代には儀式に用いられていたようだ。子供の生後３～６か月の間に行う、お食い初めやお箸初めの儀式がそれで、ミネラルが豊富で消化が良い食品として盛んに用いられてきた。

　だが、このように慣れ親しんできたチリメンで食中毒が発生したのである。その原因究明のために、大阪の保健所や大学は奔走し、昭和25年に大阪大学の藤田教授によって原因が突き止められた。原因となった菌は、腸炎ビブリオと命名され、海水由来の細菌であることを明らかにした。そして、海水由来の食中毒菌を世界で初めて発見した阪大微生物研究所を世界中が注目した。

　腸炎ビブリオ菌の生態が次々と明らかにされ、①塩分のある所でないと生育しない、②生活史が短く、20℃以上の水温下で条件がよければ20分毎に分裂増殖を続ける、③下痢や発熱などの食中毒症状が現れるのは細菌数が１億個程度の濃度に達した食品を口にした場合であること、などが明らかになった。また、最近の知見では、①20℃以下でも更に条件が整えば分裂繁殖する菌が存在する、②漁港の底泥に住み着いているビブリオ菌は９月頃に最も多

くなる、③カキやイガイに住み着くビブリオバルニカス菌は体力が弱った人の肝臓で増殖し2・3日で死に追いやるので、体力が衰える夏場にカキの生食は避けた方がよい、④ビブリオ菌は熱に弱いとされてきたが、耐熱性のビブリオ菌がいることもわかった。旧厚生省は魚市場の温度管理を5℃以下にすべきだと提言した。その後、多くの漁港にアンモニアを冷媒にした製氷所が次々と設置されていった。

物騒なことばかり書いたが、魚嫌いになられては困る。狂牛病の発生以来、魚が最も安全な食べ物だとして世界中が注目するのは、日本で生まれた食文化であり、多くの試練を経ながら成熟してきた魚食文化である。

東京オリンピックが正式に決定したのは昭和34年である。何が何でも東京オリンピックを成功させたいとする政府は、3つの大きな目標を立てた。一つは東京～大阪間を3時間で結ぶ新幹線の建設であり、他の二つは赤線の廃止と冷蔵庫の低温化であった。新幹線の開通は京都や奈良を中心にした日本の伝統文化に接してもらいたいとする願いであり、後者は揶揄されかねない恥部の撲滅であった。後者の2つは旧厚生省の所轄だが、冷蔵庫の低温化は旧通産省の協力を要することであった。

旧厚生省が冷蔵庫の設定温度を10℃以下にこだわったのは、ビブリオ菌対策であったが、通産省はこの要望を前代未聞の温度域だとして一笑し、メーカーもコスト高になるとして強く反対したそうだ。しかし、政府は鮨や刺身などの魚の生食で食中毒が発生することを恐れ、旧厚生省の提案を支持し、10℃以下－2℃までとする冷蔵庫の工業規格が生まれて今日に至った。

それぞれの目標は達成され、東京オリンピックは成功裏に終えた。魚の鮮度管理は更に徹底され、鮨と刺身の魚食文化は旺盛を極めながら今日に至っている。しかし、世界規模で急速に進む魚食、特に刺身や鮨などの生食化が気がかりである。先進国の間では安全性に基づいたHACCPを導入しているが、ビブリオ菌を重視した10℃以下の温度管理の他に、漁獲後の氷の使用や発泡スチロール箱の再使用の禁止などの措置をとる国は少ない。アメリカでは人間の生命を脅かす新たなビブリオ菌に注目し、低温流通を強化しているようだ。日本もそのことに呼応するかのように、厚生労働省は更に温度を下げた5℃での流通販売を提唱しているが、他の手段で解決することを願いたい。

その理由は簡単である。水の美味しさを審査する際には液温を15～20℃にして行うことからも明らかなように、5～10℃の食品を口にしても、舌や口の味蕾（みらい）細胞は正確に反応しないので、美味しさを味わえないまま胃袋へ行ってしまう。また、佃煮のような常温保管の食品を低温にして食べると生臭（なまぐさ）味（み）が強い異質の食品になってしまう。

日本で生まれた低温流通は、ビブリオ菌による犠牲者の上に築かれた教訓や対策であるが、それはあくまでも保管温度であって食べる際の食品の温度ではないことを肝に銘じてもらうことを切に希望したい。

3．東シナ海漁業と小田原かまぼこの繁栄

東シナ海漁場は、レンコダイを対象にして大正末期に開発された漁場であり、済州島から台湾までの間の水深200メートル以浅の海域である。30トン前後の船が2隻で一つの底びき網を引いて魚を捕る漁法である。以西底びき漁と呼ぶのは東経130°以西に認められた漁法であるためその名が付いた。

戦後の復興が最も早かったのは東シナ海漁場であり、済州島付近が主な漁場であったので、下関に水揚げされる新鮮な魚は京阪神市場へと列車で輸送された。かまぼこ原料であるグチも多く漁獲されが、販路はさらに拡大し、日本海側では富山や新潟、太平洋側では東京や小田原へと送られた。その結果、下関港の年間水揚量は年を追って急増し、瞬く間に30万トンに達して日本一の水揚港になった。しかし、李承晩（りしょうばん）ラインが設定された昭和27年以降、漁場の南下を余儀なくされ多くの変化をもたらした。

一つは漁船の大型化である。漁場までの航海時間が長くなれば積載量が利潤に大きく影響するので船の大型化が加速し、50トンを超える漁船が多く建造された。二つ目は水揚港の移行である。漁船は漁場により近い港を寄港地にするのが常であり、昭和30年を過ぎると、以西底びき漁船の主な寄港地は下関から長崎へと移行した。三つ目は魚にとって最も重要な鮮度問題である。航海日数の長期化と魚の鮮度低下は密接な関係にあり、刺身で食べる魚を扱うことを常とする仲買商人にとっては看過（かんか）できない重要課題である。気温が30℃前後の環境下での操業である。船倉に積まれた魚に氷を十分施せば、魚

の積載量が少なくなるので、高値の付く魚だけに限定され、グチなどの加工魚には余熱を利用するなどの差別化が起こった。また、船が満船になるまで操業を続けるので航海日数が長期化した。

　当然のことであるが、魚の鮮度保持技術として、船倉の低温化技術は開発できたが、機械装置の小型化ができなかったので以西底びき漁船には採用されなかった。しかし、この技術は300トンクラスに大型化した遠洋マグロ船で花開き、一年にも及ぶマグロ船の大航海を可能にした。

　グチの臭いが主因であるとされた船倉の鮮度低下臭は強烈であり、船倉の臭み軽減のために抗生物質入り氷の使用を試み、それなりの成果を得た。しかし、刺身のような生食魚も含まれていることの他に、氷はカキ氷やオンザロックなどの食材にもなっており、区別できない危険性があるとして、旧厚生省の許可が得られなかった。

　年を追って増え続ける長崎港の魚を大消費地である東京へ届けようとのスローガンの下に、長崎～築地市場間を結ぶ鮮魚専用列車が昭和34年頃に誕生した。長崎と築地を20時間前後で結ぶ鮮魚専用列車の鮮度管理はきわめて重要であり、東海区水産研究所の保蔵部がこの計画の当初から全面的に協力し、その間の温度変化や細菌増殖の有無などを調べて生鮮流通技術が開発された。貨物室の断熱構造、氷での効率的な冷却技術、トロ箱の大きさと適切な積載量など、魚の鮮度維持に関する本格的な研究がこの専用列車を機にスタートした。そして、魚の鮮度指標として核酸関連物質の変化が有効であることが見出され、その後の研究でK値20（体内に存在するアデノシントリフォスフェイトという核酸の分解過程で生ずる不味なイノシンとヒポキサンチンの合計割合が20％のこと）以下を生食限界とする考えへと発展した。だが、東シナ海漁場での漁獲量は昭和45年を過ぎた頃から激減し、付随するかのように鮮魚専用列車は昭和50年頃に廃止され、築地市場に隣接して作られた引込み線用のプラットホームだけが寂しく残っている。

　この専用列車には大量に漁獲されるグチ類も積まれており、小田原かまぼこを有名にする原動力になったことはいうまでもない。東シナ海漁場の開発当初は漁場も近かったし操業する船も小型であったために、航海日数が短く、鮮度低下臭の発生は微少であった。下関港で陸揚げされた魚は山陽本線や山陰本線を経て多くの県に供給された。グチ類の鮮度低下臭は強いが、微少で

あれば、水晒しで簡単に除去できることを大阪の業者が大正末期に見出し、グチを原料にしたかまぼこが多くの地域で作られるようになった。しかし、戦後の急速な漁船の大型化の他に、航海日数の延長に伴う船内の氷不足によって、グチ類の鮮度低下臭は年を追う毎に強くなった。水揚港が下関から長崎に移ってからはさらに鮮度低下臭が強くなり、グチ類の鮮度に業を煮やした業者が航海に同行して改善を試みたが、積み込む氷には限度があり、鮮魚優先が原則で、加工魚には成果が無いままに断念した。鮮度低下臭が強くなったことと、下関港での水揚げがなくなったことによって、多くの地域ではグチかまぼこの生産停止を余儀なくされた。

　グチの強い鮮度低下臭を除くためには、肉の水晒しを5・6回繰り返して行わなければならなかった。小田原を流れる早川の水質は適度の硬度を有しており、数回の水晒し作業を可能にしたのである。軟水で肉の水晒し作業を繰り返し行うと肉は激しく膨潤し、脱水が困難になってくる。しかし適度の硬度を持った水で晒すと、肉はほとんど膨潤しないので、繰り返し晒すことが可能になる。この過度の水晒し作業を可能にしたのが小田原の水であった。換言すると、小田原の地下水はグチの強い鮮度低下臭を取り除くことができた。

　この水晒し作業は鮮度低下臭の除去だけでなく、思いもよらない効果をもたらした。それが水晒しによる弾力増強効果であり、肉を水で晒すとかまぼこの弾力は一段と強くなることが判明したのである。そして、小田原のかまぼこは強靭な弾力を持つことで有名になっただけでなく、水晒し作業は瞬く間に全国へ広まり、鮮度低下臭が少なくなった今日においても、かまぼこ製造の必須工程として行われている。

　かまぼこの特徴はと問えば、プリッとした弾力と板についたかまぼこ型の形状だと多くの人が答える今日だが、その礎は戦後のかまぼこ作りの中で築かれた。産業振興を目ざして作られた全国かまぼこ品評会では、業者間で弾力の強さを競うようになり、その技量は板付けかまぼこに明確に現れるために、板付け製品の弾力に主力が注がれるようになった。

　グルタミン酸ナトリウムの使用量は水晒しの普及と共に伸びた。グルタミン酸ナトリウムの生産は明治の末期に始まり、かまぼこ業界はその当時からの顧客である。料理人が行うように、コンブの水出し汁を擂潰工程で加えて

かまぼこの味を補強していたが、製品にネトが容易に発生するという欠点があった。かまぼこ業界はグルタミン酸ナトリウムの出現に喜び、積極的に使用した。

　日本の各地方を巡りながら年に1回開催される全国かまぼこ品評会は、コメ作り日本一と共に昭和22年から始まった。コメ作り日本一は早くになくなったが、全国かまぼこ品評会は今でも続けられているし、品評会の審査でも弾力を重視した採点が行われてきた。しかし、過度の弾力を減点するとの審査基準が示されてから以降は、業者の板付けかまぼこへの情熱が薄れてきたし、板付けかまぼこの生産量も減少の一途をたどっている。

　中央水産研究所はその前身である東海区水産研究所時代からかまぼこに関する研究を積極的に行っており、業界の発展に寄与してきた。かまぼこの製造後に発生するカビや細菌の繁殖防止に関する研究や弾力形成のメカニズムに関する研究、世界中の沿岸で漁獲される魚の弾力形成能に関する研究などが精力的に行われ、国際特許も含めて多くの成果を残しているし、現在も続いている。これらの成果の紹介はここでは行わないので、成果に興味を持つ読者は中央水産研究所へ問い合わせをされたい。

4．冷凍すり身の開発と北洋漁場

　北洋漁場での操業は昭和初期に栄えた蟹工船が有名である。戦後は資源量が多いサケマス類とスケトウダラが注目されるようになった。浮刺し網で漁獲するサケマス類は缶詰、塩蔵品、燻製品などに加工されて、国民の主要なたんぱく源になったし、サケ缶詰はマグロ缶詰、生糸とともに輸出で外貨を稼ぐための主要な柱になってきた。

　スケトウダラ漁はオホーツク海を中心にした底びき網であったし、タラコは塩サケとともに国民の多くが好んで食べる食材であった。しかし、タラコ以外の魚体はガラと呼ばれるように、食品としての用途が見出せず、全てが肥飼料になっていた。一方、増え続ける人口に対するたんぱく質供給量は不足しており、ガラの食用化研究には大きな期待が寄せられた。

　5年の歳月をかけて誕生した研究成果が冷凍すり身の製造技術であり、道

庁の特許として登録され、スケトウダラ冷凍すり身の製造が産業規模で始まったのは昭和42年の晩秋であった。開発当初から目指していた用途はかまぼこ原料であり、幸いなことに、かまぼこの原料魚であるグチやエソの資源量に陰りが見え始め、冷凍すり身は使い勝手がよいことから瞬く間に普及して行った。昭和45年以前の全国のかまぼこ生産量が30万トン前後を推移していたのは原料の供給量もさることながら、長時間を要する生産体制にもあった。中でも多くの人手と時間を要したのは原料魚の処理工程である。入荷した原料魚を水洗してから頭や内臓の除去作業が始まり、再び水洗してから採肉機を通して落し身ができる。得た落し身は水晒し工程へ移されるが、この水晒し作業にも1時間以上を要するので、これまでに要した所要時間は5時間以上に達した。その後に、擂潰、加熱、冷却、包装などの工程を経て製品ができるのだが、ここでの所要時間も5時間程度であり、増産することがいかに困難なことであるかを容易に知ることができる。年末が忙しくなるのは増産するためであり、多くのかまぼこ屋さんが年末恒例の徹夜作業を経験している。

　冷凍すり身の誕生は、かまぼこ業界に革命を起こしたと言っても過言ではない。半分以上の所要時間と多くの人手を要する前半の作業が工場からなくなった。しかも擂潰、成形、加熱、冷却、包装などの機械化はピークに達しており、ライン化が容易であったので、冷凍すり身が十分に供給できれば、増産体制の実現も夢ではなくなった。

　スケトウダラ冷凍すり身の需要は年を追うごとに伸びたが、どこの漁場でも起こってきた漁船数の増加と漁場の拡大が北洋漁場でも起こった。アリューシャン列島に沿って漁場は拡大しアラスカ本土に限りなく近づいたが、その間には結氷による船の転覆事故が多発し、多くの遭難者を出したので、水産庁は海難事故防止のための便法措置として、北転船という特殊な船を誕生させた。北転船をはじめて知ったのは、北洋漁業の基地であった網走港を訪れた昭和47年頃であった。漁船の総トン数を大きく上回る漁獲量が黒板に書いてあったが、すべての船で漁獲量が上回っており、黒板の数字に唖然として見入っていたことを今でも鮮明に思い出す。

　大手の水産会社が大型のミール工船に冷凍すり身製造装置を持ち込んで操業するようになったのは、昭和35年頃である。晒し肉を製造するには大量の

第3章　水産加工業の発展の足跡

水と脱水装置が不可欠であるが、現在のような量産化に必要な膜造水技術やスクリュウプレス脱水機が出現したのは数年後のことである。これらの技術革新によって船上で作る冷凍すり身の品質は著しく向上し、船上での生産量が20万トンに達したのは昭和47年頃である。船上で作るスケトウダラ冷凍すり身は品質が更に向上し、かまぼこ製造に不可欠な原料となってスケトウダラ漁業の最盛期を迎えた。陸上と船上で作るスケトウダラ冷凍すり身の生産量は40万トン以上に達したが、ベーリング海に隣接するアメリカとソ連が昭和52年に200海里漁業水域を施行したため、200海里以内での操業は規制が強化されるようになり、年毎に高まる入漁料の高騰に伴って衰退の一途を歩んだ。

冷凍すり身の発明は、インスタントラーメンの発明とともに食品業界を代表する世界的な発明である。特に冷凍すり身を原料にして生まれたカニ棒などの風味かまぼこは多くの国で食されていることを考慮すると、インスタントラーメン以上の発明と評価できる。

冷凍すり身の特徴と技術的な変遷を概略述べてみる。冷凍すり身の特許は肉を冷凍する際に加える添加物の違いで2つ存在し、一方を無塩すり身（砂糖と重合リン酸塩を加えて冷凍）と称するのに対し、他方は加塩すり身または無りんすり身（砂糖と食塩を加えて冷凍）と称した。砂糖はたんぱく質の変性防止剤であり、現在ではソルビトールやトレハロースなども使われている。重合リン酸塩と食塩は、たんぱく質の弾力形成に対する機能保持剤といえる。

かまぼこの弾力発現に関与するたんぱく質はアクトミオシンだとする考えが水産研究所で戦前に生まれた。この考えは、戦後に解明した血液凝固反応を例にして支持され、以来今日までアクトミオシンの作る網状構造の中に水が封じ込まれて弾力が発現すると考えられてきた。この説に適うのは食塩だけであり、アクトミオシンをアクチンとミオシンに乖離する作用をもつ重合リン酸塩は、かまぼこの弾力低下を招くとして排除されなければならない添加物である。

しかし、2種類の冷凍すり身の生産推移を見ると、冷凍すり身の総生産量が10万トンの頃まではほぼ等量の生産量であったが、生産量の増加に伴って、加塩すり身の生産量が減り、総生産量が40万トンに達する頃には2万トン以下に減少した。加塩すり身は使い勝手が悪いし、弾力が出てこないとユーザ

ーは異口同音に述べており、アクトミオシン説を見直す時期が到来したのである。

　アクトミオシン説の見直しに着手したのは中央水産研究所である。筋肉たんぱく質の中で弾力形成能が最も高いのはミオシンであり、アクトミオシンではないことを明らかにするとともに、かまぼこの構造をナノメーターレベル（5万倍）で観察し、ミオシンの頭部と推察される20ナノメーターサイズの小球が均一に分散しており、網目構造と呼ばれる構造物は存在しないことを明らかにした。そして、網目構造はたんぱく質の濃度を薄めて作ったかまぼこには存在するが、そのかまぼこを容器から取り出して放置すると、豆腐と同様に水を放出しながら変形することを明らかにした。言い換えると、網目構造の中に存在する水はたんぱく質から離れた自由水であり、弾性への関与は皆無であることを明らかにしてミオシン説を提唱した。また、重合リン酸塩を水晒しの際に利用してうま味成分（エキス）を残しながら弾力形成能の高いすり身の製造方法を特許にした。

　重合リン酸塩は品質改良剤として多くの食品に用いられてきたが、清涼飲料水のメーカー同士の論争の中で注目を浴びるようになった。重合リン酸塩を含んだ清涼飲料水を飲むと歯が傷んで虫歯になりやすいとする研究報告が現れ、そのことを確認する前に重合リン酸塩は骨を溶かすとの風評が世界を駆け巡ってしまった。わが国でもその風評を信じる消費者や団体がいまだに多く存在しているのは残念な限りである。

5．世界中で食されているカニ棒風味かまぼこの誕生

　日本で生まれたカニ棒風味かまぼこは多くの国で生産されており、世界中の人達が好んで食べている食品である。国内の生産量は7・8万トン程度であるが、10か国以上の国で生産しており、総生産量は50万トン以上に達していると推定できる国際的なヒット食品である。インスタントラーメンとともに、日本が世界に誇れる食品であるが、残念なことに、この食品に関する特許は、国内はもちろんのこと国際的にも申請取得されていない。水産の場合は何故に特許を申請しない事例が多いのかと嘆き悲しんでいる一人でもあ

る。

　この食品が世に出た際のエピソードをいくつか紹介しよう。築地の市場では今でも語り草になっている。昭和42年のことであったが、S社が売り出したイミテーションかまぼこのカニ棒に行列ができ、たちまちのうちに完売してしまった。その評判はあっという間に広がり、その日に購入できなかった人達の列は翌日の購入を目指して徹夜で並ぶという騒ぎになり、予約番号を渡して帰ってもらったという品不足状態が30日ほど続いたそうである。

　また、アメリカでの話しだが、パンナム航空は老舗の航空会社であり、ニューヨーク・ロンドン間のドル箱路線を半ば独占的に運営していた。そこへ新規参入したデルタ航空が格安価格で参入したが、パンナム航空も呼応し、戦場は機内サービスに移った。そのときに登場したのが、カニ棒風味かまぼこであり、デルタ航空は機内ランチにカニ棒サラダを提供した。アメリカの人達はタラバカニが大好きで、アラスカをソ連から購入したのはそのためだとの逸話さえある。アラスカのタラバガニ資源は無尽蔵ではないし、生産量の減少に伴って価格が上がっていくのは世の常である。その高価なタラバガニの足の筋肉だと勘違いしても当然だと言うほどの出来栄えである。その結果、豪華なランチを無料で提供してくれるデルタ航空へと乗客は殺到し、度重なる増便でパンナム航空との競争に勝利したそうである。

　機内食がきっかけになったのは確かなようで、スケトウダラの冷凍すり身だけで作ったカニ棒風味かまぼこはアメリカ国民の人気食品へと発展した。アメリカへの本格的な輸出が始まったのは昭和46年頃のようであり、輸出量は毎年万トン単位で増加した。しかし、日本国内の消費量はイミテーション食品と揶揄する消費者団体の影響を受けてか、アメリカほどの顕著な伸びを示さなかった。

　アメリカ国民は輸入されるカニ棒風味かまぼこがスケトウダラ冷凍すり身だけで作られていることを信じなかったため、多くの誤解が生れた。アラスカのダッチハーバーには政府の振興政策に基づいたタラバガニの缶詰工場があり、多くの季節労働者を雇用していた。しかし、原料のタラバガニが不足し、経営が困難になるのに伴って日本に対する割当量への圧力が強まり、昭和48年にはゼロ近くになった。しかし、日本からは大量のカニ棒風味かまぼこが押し寄せてくるのである。日本船がアラスカ漁場で密漁しているのでは

との懸念から、日本船への監視体制が強化され、タラバガニ資源量の再調査が命じられた。そして、真実を認識した彼らは日本政府にスケトウダラ冷凍すり身の製造技術に関する知見を与えることを強く迫った。交渉を担当する水産庁は入漁料や漁獲割当問題を考慮し、北海道庁の特許である冷凍すり身製造技術を無償で与えるだけでなく、製造技術に関するノウハウも提供するよう各研究機関に協力要請を行った。だが、その願いは報いられることはなく、沿岸200海里を占有する排他的経済水域が昭和52年に設定された。北洋漁場は多くの日本人の犠牲の下に開発されたのだが、アメリカの一方的な占有宣言によって、日本船による操業は幕を閉じた。

大量に輸入されるカニ棒風味かまぼこに対して、アメリカ政府は天下の宝刀である食料自給率を楯にして輸入量を制限し、アメリカ国内での製造を強く求めた。食料自給率に関する認識は先進国で特に強い。フランスではカニ棒風味かまぼこの輸入量が10％に達すると、多くの国民が求める食品であるとして、輸入が止まった場合を想定し、国内に生産体制を構築するために、モンペリエ大学に水産加工学科を新設した。

このように話題性に富んだカニ棒風味かまぼこがどのように誕生したのか、その経緯をたどりながら説明する。ベーリング海でふんだんに獲れたタラバガニであったが、昭和35年頃になると目だって小型化し、輸出品である缶詰の生産量にも支障をきたすようになった。

細いカニ足を太いカニ足に再生できないかという開発課題が生まれた。その結果、筋肉をほぐして冷凍すり身で作った肉糊にまぶし大型のカニ足の鋳型に詰めてから加熱すると、大型のタラバガニの足とそん色ないものに再合成できた。この技術は価格の安いすり身で作った肉糊をどこまで増やすことが可能かという、利益優先の技術へと発展した。すり身の添加量が15％程度であればking crabと銘打つことを容認できるが、30％以上になれば問題があるとアメリカから指摘された。この問題は国内でも話題になり、イミテーション食品に対する監視の目が一段と強くなったし、それなりの価格で販売することを強いられた。蟹工船は昭和49年に操業を停止したが、単価の安い冷凍すり身を繋ぎ材に利用した製品の販売はそれまで続いた。

一方、スケトウダラ冷凍すり身だけでタラバガニの足とそん色ないかまぼこを作る技術が完成したのは昭和40年頃である。2社がほとんど同時に特許

を申請し、特許庁は和議を進めたが、不調に終わった。このため全国かまぼこ組合連合会が調停に入り、特許申請をしない代わりに、カニ棒製造装置を作る機械メーカーが、代金の3％を特許使用料と言う名目で全国かまぼこ組合連合会に収め管理することで決着したと聞く。

その技術だが、茹でたカニの足を開いて筋肉を取り出し縦方向にほぐすと、素麺のように細い繊維にばらけることに着目し、製麺技術を取り込んで製造した。製麺技術の導入の他にも味や色などの課題があるが、それらの点は早くに解決した。例えばカニの風味は、ジメチルサルファイドが主成分であることが判明して、カニ殻の加熱抽出液を添加した。味についても分析され、アラニン、グリシン等の旨味アミノ酸の添加が重要であることが明らかになった。このような課題が解決すれば、カニの筋肉をスケトウダラの冷凍すり身だけで作れないのかという新たな意欲が湧いてくるのも自然である。

製麺方法を簡単に説明すると、小麦粉に少量の水を加えながら、こねたり打ったりして粘りのある生地を作り、空気を追い出しながら均一に薄く延ばしてから一定の幅と長さに切断して保存し、麺は食べる際に沸騰水にほぐしながら入れてゲル化（ゼリー状に固化）させる。

この製麺工程とほぼ同様にしてカニ棒風味かまぼこは作られている。まず最初に、解凍したスケトウダラ冷凍すり身に塩やカニ風味エキスを加えて粘りのあるすり身を作る。このすり身をスチール板上に厚さ1～2ミリ前後に薄く延ばしてから水蒸気で加熱してゲル化させる。できた薄いシーツ状のゲルをスチール板から剥がして幅1～2ミリ程度の刻みを入れ、ロール状に巻いてから薄いフィルムで包み一定の長さに切断する。できたカニ棒を所定の本数だけ包装フイルムに取り、真空包装してから加熱して製品ができる。

以上が製造工程だが、製麺工程とは次のような2・3の点で異なっている。一つは細く切断する前に加熱殺菌することで、加熱してシーツ状のゲルにしてから細切りする。二点目はその細切りだが、麺のように完全に切り離すのではなくて、ハモの骨切りのように皮1枚程度を残して切るとばらばらにならないのでロール状に巻いて棒状にする。三点目としてカニ棒を赤色に着色させることだが、ロール状に巻いた肉を包む薄いフイルム上に赤色色素を含んだ風味液を幅5ミリ程度に塗沫しておくと、包んだ際にロール状の肉が液を吸い取ってくれる。これらの作業は全て自動化された製造装置で行われて

おり、所要時間は2時間程度である。肉糊を作る際に空気の混入を避けるためや擂潰時間を短くするために、真空擂潰機を使うことが多くなっている。また、カニエキスやカニ風味液の開発は、繋ぎ材としてスケトウダラ冷凍すり身を用いて昭和37頃から始まった。顕著な成果を得ることができたのは、日本のズワイガニ資源が豊富にあったためである。

最近の製品の中には繊維の太さを更に細くしてズワイガニの食感に限りなく似せたものがあり、紅ズワイガニよりも美味であると賞賛するが、国内ではイミテーション食品に対する評価は依然として低いためか、生産量が増えたとの話を耳にしない。

精進料理は賞賛すべき料理であり、大豆から猪や鹿の肉に似せた料理を作り出した人たちの創作意欲と努力を高く評価すべきである。ズワイガニもやがてはタラバガニと同様の運命をたどると予測できる。人間の飽きることなき味覚に対する欲望を満たすことは食料自給率を高めることと同等の価値がある。美味だが高価なズワイガニが存在する間に、その食感を本物に限りなく近づけることができるようカニ棒風味かまぼこの製造技術が確立することを切に願いたい。

6．ビキニマグロと魚肉ソーセージ

世界中で、マグロの消費量が最も多いのは日本であるが、その日本人も夏のマグロは口にしなかった。夏でも口にするようになったのは昭和40年以降のことであり、それまでは猫またぎと称し、魚好きの猫でさえも夏のマグロは口にしないで、跨いで通ってしまうと言われてきた。その原因は魚の鮮度管理技術と脱血技術にあり、それらの諸課題が解決し始めるのが昭和40年以降である。

夏マグロの利用に関する課題は漁獲量が多くなった大正期に始まる。100キロ以上のマグロを釣り上げることができるようになったのは大正10年以降であり、佐賀県の鍛冶屋さんが作った大型の釣り針がそのことを可能にしたとされている。以降、各県の水産試験場で利用試験を行ったが、マグロの漁獲量が最も多かった静岡県では特に力を入れたようだ。昭和4年に世界最初

のマグロ水煮缶詰を開発したし、昭和12年頃にはツナハムを開発した。勿論、マグロの角煮やカツオのそぼろなどもその頃に誕生した。

　魚肉ソーセージの開発は昭和30年頃であり、ビキニマグロ問題が大きなきっかけになったことはいうまでもない。アメリカは昭和29年にビキニ諸島で水爆実験を行い、焼津のマグロ船と船員が被爆したが、その船に乗っていた船員に近づくと原爆症に感染するとの風評で村八分になり、焼津から離れることを余儀なくされた。

　赤道付近が主漁場であり、陸揚げされるマグロにガイガーカウンターを近づけると針は大きく振れて、激しい音で被爆反応を示したそうだ。マグロの市場と言えば築地の市場が有名であるが、売れないマグロの入荷に困ったことも事実である。国を上げての利用法が検討され、水晒し工程のあるねり製品が浮上したが、赤身魚でかまぼこを作る技術は開発されていなかった。マグロはミオグロビンに富み畜肉に類する色を呈するので市販の畜肉ソーセージをモデルにした。しかし、畜肉と大きく異なるのは脂肪含量であり、魚肉ソーセージに豚脂を加えるのはその欠点を補うためである。

　パン食は明治の開国以来、幾度か試みられたが、失敗に終わり、日本人にはなじまない食品とされてきたが、戦後のパン食の普及には目を見張るものがあった。戦後のベストセラーになった本として「頭の良くなる本」（木々高太郎著）がある。その中の一節には「アメリカ人はパンを食べるため、丈夫な歯でしっかりと噛むために頭の血液の循環が良くなり、頭脳明晰となり戦争にも勝ったが、日本人はコメを食べるためにほとんど咀嚼しないままに飲み込んでしまうので胃袋の運動だけが盛んになり、頭の血液の循環が悪くなって戦争に負けた…」という行がある。そのことを信じた多くの国民はパン食に走ったし、パン食に合う食品として脂肪含量の高い畜肉製品の消費量が多くなっていった。

　魚肉ソーセージは畜肉ソーセージに比べて安価であったためか、生産量は急激に伸び、原料のマグロが不足がちになったが、南氷洋から大量の鯨肉が供給されるようになり、昭和40年頃になると、年間の生産量は10万トン近くに達し、水産加工品の中で、ねり製品に次ぐ生産量を誇る産業に成長した。しかし、旺盛期は短く、その原因は原料として用いたマグロと鯨肉の供給不足によるものであった。昭和37年頃から刺身食材としてのマグロの消費量が

増え、ソーセージ用の原料としてマグロの供給は困難をきたすようになったので、冷凍すり身に置き換えられた。鯨肉の供給は十分にあったので味や風味に大きな変化は生じなかったのだが、鯨肉の供給にも大きなピンチが起こるのである。昭和45年頃になると、南氷洋の鯨資源の減少問題が一段と強くなり、捕獲制限量は年々少なくなり、昭和48年頃にはソーセージ用の鯨肉の供給は不可能な状況となり、原料の全てを冷凍すり身で賄うという事態が生じた。

　鯨肉やマグロ肉と白身魚で作る冷凍すり身は、エキス含量やたんぱく組成が大きく異なる。エキスは味と密接な関係があり、多いとうま味が増すだけでなく濃厚な味になるし、たんぱく組成の違いはテクスチャー（食感）の違いに大きく作用する。冷凍すり身では世界の多くの人達が好むカニ棒風味かまぼこを作ることができたが、味が淡泊すぎるため、鯨肉やマグロ肉で作った魚肉ソーセージに匹敵するものを作ることができなかった。このため、昭和60年頃には年間生産量が３万トン程度に落ち込み、平成９年には生産団体である魚肉ソーセージ協会が解散するほどの生産量になってしまった。

　最近の情報だが、カツオなどの赤身魚肉を使用するほかに機能性脂質のIPAやDHAなどを添加し、単価を高くして販売する魚肉ソーセージが人気商品になっているようだ。

　資源が豊富にあるとされるサンマなどの赤身魚は、健康に良いとされる脂肪酸を多く含む青魚であり、脂肪含量は20％近くに達する。その肉を原料とし、真空エマルジョン技術を導入して脂肪含量が多くて高度不飽和脂肪酸に富んだサメなどの肝臓を添加すれば、豚脂の代わりになり、宗教的タブーを回避することが可能である。脂肪含量が40％以上に達するサメの肝臓はビタミンAが豊富であり、合成品が市販される以前にはサメ肝油が供給源になっていた。理想を言えば、鯨肉の復活である。鯨の肉と肝臓で作ったソーセージを世界中の人達に食べさせてみたいと願望する次第である。健康維持に有効だとされる魚の脂肪酸は不飽和脂肪酸が多く、酸素の存在下では容易に変敗して黄ばんでくるし、悪臭や異味を発するが、真空下で脂肪球を５〜10ミクロンレベルに粉砕すると再融合による油の分離が生じないし、食味や弾力も損なわれない。ソーセージにこだわったのはレトルト食品であり、インフラが整備されていない地域でも１か月程度の賞味期限を設定できるからである。

7．100万トンの大台を突破したかまぼこ製品

　かまぼこの歴史は古く平安期にさかのぼるとされるが、料理の一つのようであり、かまぼこ製造業として料理店から分離独立したのが江戸時代であるとされている。しかし、東京にある老舗のかまぼこ屋さんに尋ねるとサカナ屋との兼業であり、売れ残った魚を日持の長いねり製品にしたと考えるのが妥当のようだ。水産統計は明治29年に始まるが、かまぼこの生産統計が記されていないことからも生産量が少なかったと想像できる。大豆たんぱく質から分離したグルタミンソーダが市販されたのは明治末期であり、高価であったが、かまぼこ業界と醤油業界が多用した。ちくわや焼き板かまぼこが蒸しかまぼこよりも先に多く作られたのは保存性が高かったためである。ちくわや焼き板かまぼこは表面を焼きながら加熱してゲル化させる製品である。製品の殺菌とともに表面の水分が少なくなるので細菌の繁殖は弱まり、保存期間を長くすることができる。

　余談であるが、日本人は焼き魚を好んで食べる民族のようであり、昭和30年台の家庭料理ベストテンに必ず入っていた料理の一つである。焼き魚や焼き板かまぼこが家庭で消費されなくなったのは、家の建築方法の変化と関係がある。土壁に替わって臭いの付きやすい新建材が多く使われるようになったためである。そのことでもっとも大きな被害を受けたのがくさやであり、伊豆七島のくさやの生産量は著しく減少した。

　昭和30年頃のかまぼこ生産量は30万トンレベルにあり、焼き板かまぼこが主流であったが、40年代になり低温流通が普及するのに伴って蒸しかまぼこの生産量が多くなった。色素が豊富になり、表面を鮮やかな朱色と白の紅白かまぼこが事あるごとに使われるようになった。白色はどこでも同じだが、赤色は地方によって異なる。関西以西は真鯛の体表の赤色がモデルになって使われたし、関東ではマグロの肉の赤色が、北陸ではサケの肉の赤色がモデルになり、今日においても続いている。かまぼこの色は原料魚や部位によって異なる。赤身魚で作れば黒はんぺんのようにメラニン色素とミオグロビンの影響を受けて黒ずんでしまう。グチを使えば表面が黄ばんでくるし、エソ

を使うと白くはなるが、スケトウダラ冷凍すり身の白さには負けてしまう。

　チリメンジャコの漂白にも使った過酸化水素をかまぼこの漂白にも使ったが、発癌性が指摘されてからは使用禁止になった。しかし、国民の多くが求めるのは白いかまぼこであり、スケトウダラ冷凍すり身の依存度はますます大きくなっていった。

　蒸しかまぼこで有名なものに金属枠を用いるリテーナかまぼこがある。新潟県で昭和30年頃に開発された白くて弾力の強いかまぼこは、新潟県がかまぼこ生産量で全国一になっただけでなく、全国のかまぼこ生産量を100万トンに引き上げる際の原動力になった製品である。

　スケトウダラの産地は北海道だけではなかった。日本海側では兵庫県沖でもかなりの量で漁獲されていた魚なので、新潟県や山形県でも北海道と変わらないほどの漁獲量があった。東シナ海で取れるグチ類は下関で陸揚げされ、全国へ広く供給されたので、新潟県や富山県のかまぼこ屋さん達も主な原料魚として使用してきた。しかし、漁場の南下と航海日数の長期化で著しい鮮度低下臭が発生したために使用停止を余儀なくされたことは先に述べた。

　新潟県のHかまぼこ店が中心になり、日本海区水産研究所の協力を得ながらスケトウダラかまぼこの生産を昭和35年頃から始めた。スケトウダラで作るかまぼこの弾力はグチに比べて格段に低いものであった。しかし、新鮮な魚を用い、リテーナ成形器を使えば、グチの弾力とそん色ないものができることが判明し、県内の多くの業者がスケトウダラに注目したのである。

　新鮮なスケトウダラでなければかまぼこの弾力は生まれないことへの原因解明も水産庁の研究所で進められ、その原因が鮮度低下に基づくホルムアルデヒドの生成にあることが東海区水産研究所で判明したのは10年も後のことである。

　スケトウダラで作るかまぼこの弾力を強くするための研究はさらに続き、リテーナ容器の改造や坐り技術の導入や加圧技術を取り入れ、グチの弾力に負けない製品を作れる製造技術が確立したのである。

　リテーナかまぼこ生産量の更なる飛躍は冷凍すり身の誕生にあった。昭和45年以降の生産量は冷凍すり身の生産量の増加に比例し、52年には20万トンに達したのである。かまぼこの総生産量が100万トンに達したのもその年であったし、それ以降、両者の生産量はとどまることを知らないかのごとくに

減少の一途を辿っている。
　減少の原因は、風評でグルタミン酸ソーダの使用を控えるようになったことと、冷凍すり身に依存しすぎることに関係すると推察するが、支持する人が少ないことも確かである。

8．マグロの尾部切断が日本の魚食文化を世界の食文化にした

　狂牛病を機にしてではあるが、世界中が注目する食品は寿司と刺身であると言っても過言ではない。オリンピックを開催した中国では、北京の寿司店を数百店舗に拡大して外国人を迎えるといきまく中国人の経営者がいたそうだ。中華料理は世界三大料理の一つであり、そのための店を増やしたいとするのが普通だが、寿司店増設にいきまく経営者の考えを疑ってしまう。
　日本がオリンピックを開催したのは昭和39年であった。寿司と刺身は日本の食文化の象徴であり、生食による食中毒を防止するために開発されたのが、世界に例を見ない日本の冷蔵庫とその規格（10〜－2℃）であることは先に述べた。
　心配した魚介類の食中毒は発生しなかったが、刺身や寿司への違和感は依然として残ったし、日本料理そのものも淡白な味と評価されるにとどまった。また、国内の若者たちもそのことに呼応するかのように、日本料理を老人食と揶揄して、濃厚な味の外国食を求め、コメと魚を中心とした日本の食文化から遠ざかって行った。
　食生活習慣病に悩むアメリカ政府は、食習慣の改善を勧告（マクガバンレポート）して脂肪摂取の減少を国民に求めた。国連食糧農業機関／世界保健機関（FAO/WHO）は日本食を理想形に近いバランスある食事と推薦したが、世界や国内が注目したのは30年以上経った後の今日である。
　ここで、魚食文化を象徴する寿司と刺身の歴史を振り返ってみたい。篠田氏（『すしの本』）によると、寿司の語源は酢っぱしにあり、タイやラオスの山岳地帯が原産地のようだ。日本へ伝わったのは鎌倉・室町時代で、滋賀県名産のフナ寿司やサバで作るなれ寿司であった。握り寿司は早寿司と呼ばれ、江戸時代中期に東京で生まれた。その頃の原料魚はアジ、コハダ、サッパ、

小ダイ、アワビ、エビなどの白身魚が主体であり、マグロのような赤身魚が使われることはなかった。マグロの漬けがはやったのは大正12年の関東大震災以降のようで、最初に使ったのは華（花）屋与兵衛とされている。マグロの赤身を醤油に数時間漬けてから握り寿司を作ったのが始まりで、与兵衛寿司とも呼ばれ、マグロ寿司ブームが起こった。しかし、トロ肉では醤油漬けの効果が生じないため、生臭いとして昭和30年代初期でも食べなかった。また、シャリだが、大正の頃は現在の2倍ほどの大きさであり、新米と古米の半々を良しとし、酢の角を取るために砂糖も使い、一人前の量は「5貫のチャンチキ」と称して、握りが10個に巻き寿司を2本添えた。なお、貫の字を用いることの意だが、説明がないので、以下のように勝手に推理してみた。

明治政府は貨幣制度を変えて銭や円を導入したが、1文銭を活用して、100枚（江戸時代は千枚）を1貫、即ち、10銭とした。握り寿司の値段は明治当初で3銭前後であったが、大正期には5銭程度に値上がりし、握り寿司2個を皿に載せて1貫（10銭）で販売したのが事の始まりとすれば丸く収まる。しかし、異論を唱える人もある。昔の握り寿司は大きくてアジやコハダなどは中骨を取り、腹開き状でシャリの上に載っていたが、シャリが小さくなるのに伴って上身と下身を切り離して2個にして1貫としたと説明する。どちらに説得性があるかの判断は読者諸氏にお任せしたい。

一方の刺身だが、日本生まれで寿司の渡来よりも古く、平安期に誕生したようだ。包丁道もその頃に生まれ、四条流が最古で、開祖は関白左大臣藤原魚名の3男末茂だとされている。左大臣は武官であり、軍人の食べ物を管理するが、主な任務は皇室料理を作ることであり、四条流はその中で誕生した。皇室料理がフランス料理になったのは戦後なので、その間の800年間を四条流が司ってきたことになる。

元宮内省大膳職包丁師範の石井冶兵衛は、弟の泰治郎との共著で『日本料理法大成』を大正9年に出版し、四条流を集大成した。その中の古今料理に刺身に関する記載がある。サシミの漢字は指身、刺身、魚軒の順で記載されており、説明文には「魚の身大きくたたみて、又いろいろに盛りて其魚の鰭を指しそえて進むるによりてさしみといふなるべし」とある。鰭（ひれ）の種類は不明だが、胸鰭や背鰭を刺し添えて魚種名を指し示したと考えられる。次の刺身だが、国定教科書を作る作業は明治19年頃に始まるが、その際に「指（さ

す）」を「刺」と誤記したと考えられる。だが、昭和25年出版の「大言海」では別の解釈がなされ、切り身の「切る」を忌み嫌って「刺す」にしたとある。国定教科書を作る際には多くの国字が生まれ、鯵もその一つだが、誤記であることが明確に記されている。アジは煮てよし、焼いてよし、刺身にしてよしの三拍子そろった魚であり、参の字を気に入っている。アジは藻に付く魚であることから、藻のさんずい（三水）を魚に換えてアジとしたかったが、間違って参を記してしまったようだ。また、魚軒という漢字だが、貝原益軒や小野蘭山が本草綱目の軒をサシミと読んだことに配慮し、魚という字を添えてサシミに当てたと考えられるが、漢字審議会で「軒」の字を審議した形跡は見当たらない。包丁人が書いた文章を先に記したが、誤字や当て字が多いとして信用されなかったのかもしれない。

　だが、ここでは更に続ける。霜降りとは湯引きのことで、刺身の一種であり、生の牛肉の状態を指す言葉ではなかった。サシの入った牛の生肉を「霜降り肉」と表現したのは幸田露伴のようだ。魚釣りが好きで、古い料理書にも精通していた露伴は、鯛の霜降りも美味だが、神戸の但馬牛は鯨の尾の身のごとくに霜降り状で、柔らかくて食べやすい上に極めて美味であると述べている。小説家の言は料理人のそれよりも重く、以降、魚にはトロ、牛肉には霜降りと使い分けされてきたが、最近ではトロ豚肉という言葉も出現しており、やがてはトロも畜肉専用語になるかもしれない。

　四条流料理書には刺身のたれについても記述がある。今日のような醤油ではなく、煎酒、即ち、古酒と醤油を５：１で混ぜてから煎じて７割程度に濃縮し、梅酢や砂糖あるいは塩などを加えて用いるとある。古酒と醤油を混ぜて加熱するのは古酒に含まれる酢が醤油中のペプチドを酸分解し、グルタミン酸などのうま味アミノ酸量を増すためと考えられる。また、砂糖や蜂蜜などの甘味料を加えることは今日でも行われており、「甘いは旨い」の語源どおりである。山葵（わさび）、生姜、葱の他に酢味噌、辛し酢、蓼酢（たです）などを刺身に用いるのは、全てが魚の生臭みを消すための薬味と解釈できる。

　魚の生臭みであるが、魚の表皮のぬめり（ミユカスと呼びムコ多糖類が主成分）も起因するが、最大の原因は血液である。カツオの刺身を生くさいと言って食べないが、牛肉や豚肉だけでなくレバーの刺身を平然と食べる人は意外と多い。その原因は殺傷法の違いにある。畜肉は動脈切断による失血死

が基本であるのに対し、魚では酸欠死が主体であり、尾頭文化に強く支配されてきたためと思われる。

　出身が漁師町で、子供のときにイルカの肉を食べたが、生臭いという印象しか残っていない。イルカの心臓が動いている間に尾部を切って動脈を切断し、失血死をさせてから内臓を丁寧に除き、低温下で1週間ほど保管して解硬後に食べたら子供の時の印象と大きく異なっただろうと思う。

　今日のようなマグロのトロを一番とする異常なまでの刺身と寿司文化への大変貌が生じたのは昭和40年以降のことである。水爆マグロ以降にも遠洋マグロ船が発展したのは、魚肉ソーセージの顕著な増産が続いたためであることは先に述べた。

　養殖ハマチはマグロに替わる刺身魚として昭和35年頃に登場するが、頭部や尾部を切った魚が競り台に並ぶと、仲買人の大半がクレームをつけて買わなかったそうである。頭部や尾部を切るのは死後硬直の遅延と放血のためであるが、仲買人は硬直最盛期の魚を「生きが良い」としたし、尾頭のリアルな切り傷も許せなかったようだ。まさに、平安時代からの尾頭文化継承の証なのである。養殖ハマチへのクレームは外見だけでなく肉質にも及び、酸化脂質が発する臭いが問題になり、マグロやカツオの脂で口が肥えている関東人には許せない臭いであったようだ。養殖技術の発達で臭いは大きく改善されたが、東京の寿司店でハマチと注文すると、店にはイナダはあるがハマチは置いてないと怒ったように答えるのが常である。だが、ハマチ、カンパチ、タイ、ヒラメなど、全ての養殖魚の肉質は天然魚に近づいており、養殖技術の完成は近いと確信する。

　工業用油の被害は天然の魚貝類にも及び、湾内のクロダイ、スズキ、ボラ、ムールガイなど、どれをとってもまずくて食べられないが、外海で獲れるそれらの評価は逆転し、本来の味を楽しむことができる。魚を駄目にしたのは人間である。県名を出して恐縮するが、高知県の浦の内湾はハマチ養殖発祥の地であり、真珠貝養殖を含めて県内一の生産量を誇ったが、過密養殖で湾内が駄目になったので元の海に還すための浄化費用を試算したら、それまでの累積生産額以上になったという笑うに笑えない話があることを、湾や入江を管理する市町村長や知事は肝に銘じておくべきである。

　昭和40年頃になると遠洋マグロ船が獲るマグロの肉質が格段に向上する

が、そのことに大きく貢献したのは冷凍技術と魚体処理技術の開発であった。超低温下（－60℃以下）でマグロを急速凍結し貯蔵すると、肉色の変化や脂肪の酸化が少ない上に食べた際の食感が生肉に近い状態を1年間も保持できることを東海区水産研究所が見出した。

　日本は石油とガスをアラブ諸国から輸入したが、生まれたガスライターは国内で大流行し、外国人への土産にもなった。ガスは液化してから輸送するので、使用時には気化工程が必要になり、その際の気化熱を利用すれば－60℃以下の超低温庫を容易に作れる。火力発電所の副業として超低温冷蔵庫事業は開始され、用途開発試験が依頼された。マグロのブロック肉での実験であったが、1年間凍結貯蔵しても肉色の変化や脂肪の酸化が少なく、刺身食材になりうることを明らかにしたのである。

　フロンはオゾン層を破壊するとして1995年以降の生産を停止した冷媒だが、冷房や冷凍技術の革新に大きく貢献したのは確かである。アンモニアを冷媒に使用した際に頻繁に起こった爆発や火傷などの危険性が皆無であり、漁船への搭載が許可された。さらに、超低温用冷媒として－80℃に沸点を持つR13が開発され、300トンクラスのマグロ船にも－60℃の超低温施設が容易に実現した。機関室には推進用のエンジンが中央にあるものの同程度の冷凍機用エンジンが並び、マグロの陸揚げが終了するまでエンジンは止めることがない。エヤーブラスト法での急速凍結であり、マグロの腹腔内の通気を良くする必要がある。尾鰭の切断に次いで内蔵・鰓の除去の他に鰓蓋の一部を切り取り、腹部を広げて通風状態を良くする魚体処理は、冷凍前の重要な作業である。

　遠洋マグロ船の大型化は昭和35年頃から始まり、超低温装置を搭載したマグロ漁船は漁場を拡大し、暴風圏付近に生息するミナミマグロというクロマグロの肉質に近いマグロ資源を開発した。

　次に評価すべき技術として、尾鰭の切断による放血死を挙げることができる。どこの県の船で始まったのかは不明であるが、勇断であると高く評価している。尾頭文化が長期にわたって受け継がれてきたのは、伝統や格式に頑固なまでに固執する仲買制度が存在したからである。その人達をどのようにして説得したのかを教えていただければ幸いである。養殖ハマチの尾部を切るのは死後硬直遅延のためであり失血死による肉質の向上は軽視された。し

かし、その効果に注目した人がおり、マグロの尾部切断という勇断が生まれた。

　マグロの失血死は、刺身肉の歩留まり向上と生臭さの低減効果を生んだ。マグロに限らず、筋肉には動脈と静脈を結ぶ毛細血管が網の目状に走っており、打撲などで赤くはれ上がるのは、筋肉の部分硬直で内部圧が高まり毛細血管が破裂して内出血が生じるからでる。マグロを船上に上げると激しく暴れるが、その際の打身は打撲と同じであり、筋肉のいたるところに内出血が生じる。しかし、尾部をすばやく切断して太い血管から放血すれば、血圧上昇による内出血を防ぐだけでなく血液による生臭さを軽減でき、夏場でもマグロの刺身を美味しく食べることができる。船上での尾部切断作業は昭和38年頃から始まったようだが、40年頃になると、マグロの刺身は夏場でも盛んに食べられるようになり、猫でも跨ぐ夏マグロなどの悪評は一掃されていった。

　この効果を検証するために、定置網で獲れた体重10キロのブリで尾部の切断実験を行った。放血によって体重は5％程度減少したが、解体した際の内臓と三枚に卸した肉に明確な違いが生じた。

　臓器や腹腔内に残存する血液だけでなく筋肉内の残血も少なくなっており、尾部切断の放血効果が認められた。また、その肉を氷蔵1週間後と凍結1か月後に刺身で試食したが、内出血や生臭臭は皆無であった。

　刺身と寿司に偏重した日本の魚食文化は世界中へ普及しているが、前述した魚体処理技術や鮮度保持技術がそのことに大きく貢献したのも確かである。魚を含めた食料資源は有限であることを強く認識し、魚食文化の継承と発展のためには更なる技術革新とその普及に励まなければと自問自答する昨今である。

第4章 貿易に支えられる魚食文化（松浦勉）

1. 世界養殖生産量の大部分を占める
アジアと世界各国の魚食

　FAOによると、世界の漁業・養殖生産量は過去30年間でほぼ2倍に増加した。世界の魚介類生産は、昭和40年代半ばには大部分が漁獲によるものであったが、昭和50年代半ば以降、コイ類等の淡水魚やカキ等の貝類などの養殖生産が拡大し、その一方で、漁業生産量は平成に入って頭打ち傾向になっている。漁業・養殖業の食用魚介類生産量は、平成16年には約1億600万トンであり、食用魚介類生産量に占める養殖生産量の比率は、昭和55年にはわずか9％であったが、平成16年には43％に増加した。

　大まかな魚種構成をみると、海産底魚類の漁業生産量は停滞したが、淡水魚や軟体類、甲殻類などの養殖生産量が増加した。地域別にみると、30年前には、日本、米国、カナダ、EU及び旧ソ連で世界の漁業・養殖生産量の4割以上を占めていたが、近年では2割を下回るようになった。その一方で、新興国のウエイトが高まっており、中でも中国は、今や世界の漁業・養殖生産量の約3分の1を占めている。

　世界の海洋水産資源は4分の1が過剰利用か枯渇、2分の1が満限まで利用しており、適度か低・未利用は4分の1に止まっており、海面漁業の漁業生産量は頭打ちの状態が続いている。世界の養殖生産量は、アジア・太平洋地域が92％（生産額は81％）と大部分を占めており（このうち、中国は生産量が70％（生産額が51％））、欧州が3.5％、南米が2.3％、北米は1.3％にすぎない。国別にみると、日本は養殖生産量が世界第7位であるが、価格が高いため生産金額が世界第2位である。

　世界の水産物貿易は、世界的な水産物需要と生産量の増大、水産物消費の地域性や需給格差等を背景に拡大を続けている。貿易対象水産物は多岐にわたり、原魚換算ベースで、漁業・養殖生産量の38％（平成16年）が貿易に向けられている。平成16年の総漁獲量に占める比率は、冷凍魚介類が36％、非食用水産物が34％、缶詰が15％、活魚・生鮮・冷蔵が10％、塩干・燻製魚介類が5％であった。平成16年の水産物貿易総額は715億米ドルであり、総額

に占める品目別金額の比率は、小型エビ類が16.5％と最も多く、次いで、海産底魚類（タラ類が多い）が10.2％、マグロ類が8.7％、サケ・マス類が8.5％の順であった。主な水産物輸入国は、日本、EU、米国に大きく偏っている。

世界的な水産物需要の増大に加えて、人口増加により水産物需要はさらに高まると考えられる。大陸別の主要魚介類の消費量をみると、サケ類はヨーロッパが約4割、北米が約1割、日本が約2割を消費している。エビ類の場合は、アジア（日本を除く）が消費の5割以上を占め、北アメリカが約2割、ヨーロッパが約2割、日本が約1割となっている。マグロ類は刺身用では日本が大半を消費し、缶詰では欧米の利用が多い。タラ類等の白身魚はヨーロッパが約7割、北米が約2割、日本が約1割を消費している。

主要国の1人当たり水産物供給量を多い順にみると（図4-1）、日本は昭和40年代までは大きく伸びたが、その後横ばいである。現在、日本の供給量に近づいている韓国は、昭和50年代に供給が急増し、その後も増加傾向が続き、平成12年以降さらに伸びている。近年、経済成長が著しい中国は、昭和60年頃から水産物の消費が伸び始め、平成初期以降急増し、現在はEU並みの供給量になっている。EUの供給量は、昭和50年代前半から徐々に増加傾向にあり、米国は昭和60年代末まで増加したが、その後横ばいになっている。

世界各国の魚食特性を中国、韓国、EU、米国の順にみる。中国は、広大な国土に比べて海岸線が短い典型的な大陸国家なので、従来、海産魚よりも淡水魚を食べることが多かった。冬季に水面が氷結しない南方では、古くから淡水魚養殖が盛んであり、農村部ではコイ・ソウギョといった淡水魚を伝統的に食していた。中国では、昭和50年代半ば以降、消費量が急速に増大し、平成15年には1人当たりの食用魚介類消費量が25.4kgとなり、昭和50年代半ばの約5倍になった。消費量の増加は、コイ類等淡水魚及び貝類の養殖生産量の増加により支えられている。

また、中国の平成18年水産物輸出量は301万トン（93億米ドル）であるのに対し、輸入量が332万トン（43億米ドル）であり、輸入量の方が多い。輸入量の内訳は、加工用輸入原料が163万トン、魚粉輸入量が97万トン、中国国民消費用が70万トン（主に、タチウオ、スルメイカ、カレイ、タラ、エビ及びニシンなど）であった。中国は、世界の加工場といわれ、外資の依存度

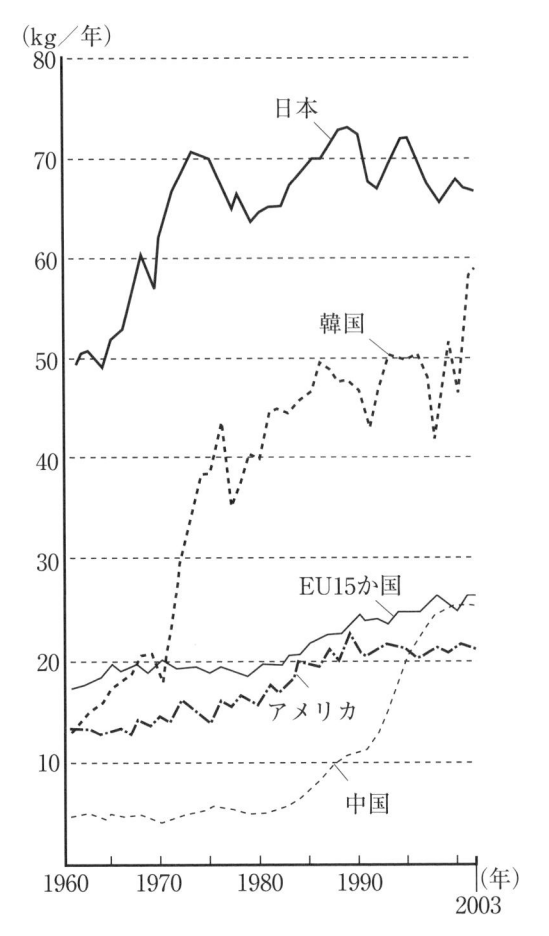

図4-1 主要国の1人当たり水産物供給量推移
出典：社会実情データ（http://www2.ttcn.ne.jp/~honkawa/0270.html）、FAOSTAT Food barance sheets（2006.1.16、2006.11.29）

が高く、全産業の輸出額の半分前後を外資企業に依存しているといわれている。魚粉を除く水産物輸入量の約3分の2はロシア、米国、EU、日本などの委託加工貿易といわれている。さらに、中国の労働者は、従来、企業が敷地内に建てた会社住宅で生活し、敷地内の社員食堂を利用することが多く外食が少なかった。しかし、平成10年に住宅政策が変更され持ち家制度が導入

されると、労働者が企業敷地の外で生活するようになり外食が増え、水産物消費が増加した。

韓国は従来肉よりも魚や野菜を主に食していたが、食の欧風化に伴い、1人当たりの消費量は1997～2002年には肉類の方が多くなった。しかし日本と同様健康志向の高まりにより、2003～2006年には再び水産物の消費量が肉類を上回った。韓国では、漁場特性からスケトウダラ、グチ類、カレイ類などの白身魚が好まれる白身文化の国である。

韓国では、魚種別の国内生産量や輸入量の変動により魚種別消費金額が大きく変化している。韓国の都市家庭における消費金額が最も多い魚種は、昭和50～55年がスケトウダラ、昭和56～61年と昭和62～平成4年がタチウオ、平成5～9年がグチであった。また、平成10～17年は他の鮮魚介類が1位、グチが2位、タチウオが3位、刺身が4位、スケトウダラが7位であった。

スケトウダラは、昭和50年代前半には国内漁獲量が多かったが、その後外国漁場からの撤退等により漁獲量が大幅に減少した。韓国ではスケトウダラは、鮮魚や冷蔵品が主にチゲという韓国特有の鍋物の具材として伝統的に需要が多く、日本やロシアから輸入している。また、シログチはかつて東海・黄海で大量に漁獲され、保存と付加価値を高めるためにグルビと呼ばれる塩干加工をして伝統的な季節の贈答品として利用されている。シログチは、平成になって漁獲量が激減したため、代替原料として、近縁種のフウセイ（鮮魚）が中国から大量に輸入されている。

EUでは、狂牛病への感染が問題になった平成8年を境に、一般国民の健康志向が高まり、水産物の消費が拡大した。魚種別の消費動向をみると、白身魚（タラ類が大部分）、サケ類、エビ類の順に多く、特に、白身魚は、世界全体の消費量の半分以上を占めており、10年間（平成7～16年）で30％の伸びをみせている。EUでは、伝統的にタラ類等の白身魚が食用消費の中心であったが、タラ類については、資源状態の悪化等によって生産量が減少したことから、近年はタラ類の代替として、ベトナム産ナマズの輸入が増加している。サケ類の消費量は10年間で80％、エビ類は60％増加しており、これら3魚種ともに、世界の消費量に占めるEUの比率が一番高い。

EUは、加盟国が平成16年の25か国から、平成19年には27か国になり、人口が4.5億人になった。EUの漁業生産量は、第二次世界大戦後から順調に伸

び、1960年代後半以降概ね700万トン前後で安定的に推移していたが、1990年代後半からタラ類の漁獲量が減少したため、2004年には500万トン強となり、減少傾向が続いている。このため、EUの第3国からの水産物輸入量は平成14年の403万トンから、平成19年には503万トンに増加した。

　輸入量の多い国は順に、ノルウェー、中国、米国、アイスランドである。EU域内で今後輸入が増えるものは、スケトウダラ、タラ、ナマズなどの冷凍フィレである。米国は、ドル安を背景に、EUへの輸出に熱心であり、米国からEUへの輸出は、スケトウダラが半分、タラとすり身が20%である。1つの国あたりの水産物輸入額は日本が最も多いが、経済圏でみると、EUがトップであることは既に述べた。FAO統計によると、EUの食用水産物自給率は、1990年代前半まで60%を維持していたが、2001〜2003年平均で56%にまで低下した。

　ヨーロッパの人々はマダラ、ハドックなどの白身魚を好み、特にマダラが好物である。イギリスも他のヨーロッパ諸国と同様、タラの消費量が多く、アイスランド周辺での漁獲量の依存度が高かったため、イギリスは昭和33年、46年、50年の3回にわたり、アイスランドとの間でタラ戦争を起こした。この戦争からも、ヨーロッパにとって、タラが如何に重要な水産物であるかが理解できる。北大西洋におけるマダラ漁獲量は、昭和49年には202万トンであったが、平成2年が93万トン、平成18年には78万トン台に減少し、マダラの価格が高騰した。

　タラは、生、塩蔵、半乾燥塩蔵、乾燥などで販売される。クリップフィッシュと呼ばれる半乾燥塩蔵タラ商品は、ポルトガル、ブラジル、スペインなどの多くの市場で伝統的に消費され、ポルトガル語でバカラオと呼ばれる。ストックフィッシュと呼ばれる乾燥タラの主な市場は、イタリアとナイジェリアである。

　ノルウェーでは、大西洋マダラ資源が低位にあった平成3年からマダラの種苗生産、養殖技術、魚病対策などの研究を産官学が総力をあげて行っており、マダラをサケのような輸出養殖魚種にすることを目指している。

　EUでは、白身魚の需要が急激に増加している。このため、ベトナムは養殖ナマズをEUへ積極的に輸出している。ベトナム産ナマズは、ヨーロッパの人々にとって新しい魚種であるが、価格が安いこともあり、ヨーロッパ市

場への輸出量が増加して、一般的な食材の一つとして認知されるようになった。ベトナムは養殖ナマズを増産させており、平成18年のナマズ輸出量は、EUが12万トン、ロシアが4万トン、米国が2万トンであった。このナマズは、メコン川に生息する雑食性の淡水魚であり成長が早く、約6か月で市場に出荷でき、生産コストが低く、価格、利用性、味、成長力のどの点をみても有利な魚種である。ベトナムの養殖ナマズ生産量は、平成16年の40万トンから平成18年には80万トンになった。ノルウェーが世界のサケ市場を変えたのと同様に、ベトナムが白身魚の市場を変化させようとしている。

また、EUの白身魚需要の増大を反映して、日本における白身魚供給も多少の影響を被っている。平成12年当時、米国のマダラ輸出量は約半分が日本向けであった。その後EUへの輸出量を増やしたため、平成18年には日本への輸出量は全体の20％を下回る状況になった。また、マダラ（冷凍）の日本への輸入価格は、平成11～16年には1kgあたり300円前後で推移していたが、平成18年11月には533円の高値になった。

米国では、200海里水域の設定とその後の外国漁船の締出しにより、昭和50年代後半以降底魚類（主にスケトウダラ、マダラ）の国内生産量が増大した。また、牛など陸上動物に多い飽和脂肪酸の取り過ぎによる生活習慣病に対する予防意識が高まったことなどから、底魚類の食用消費が大幅に増加した。その後、平成に入って、魚介類の食用消費量は横ばい傾向になったものの、魚種別構成に変化がみられた。平成初めには純輸出であった底魚類は、資源状況の悪化等による生産量の減少に伴って食用消費が減少し、淡水魚（ティラピア等）や甲殻類（エビ類、カニ類）の食用消費が増加した。さらに、米国には、日本食レストランが約9千あるといわれ、その数は10年で2.5倍に増加した。このうち、寿司をメニューに提供するレストランは約6割も存在し、かつては、生の魚を食べる習慣がなかった米国でも、寿司がすっかり定着している。

米国では、中国からティラピア、ベトナムからナマズを大量に輸入しており、白身魚の消費パターンが大きく変化した。ベトナム産ナマズやティラピアはいずれも雑食性であるため、フィッシュミールを必要とせず少ない天然餌料でも十分に成長する餌料効率の高い魚種であり、熱帯の淡水域で養殖されている。養殖生産の白身魚供給量は、天然魚漁獲量にかなり迫っており、

既に、世界供給量の40%を越えているといわれている。ティラピア、ナマズのような大量に養殖される水産物は、市場シェアを増やし、漁獲量が少なくなった天然魚の代替になるので、今後さらに養殖生産量が増加することが予想される。欧米における白身魚の消費パターンは、マダラ、メルルーサなど価格の高い海産魚と、ナマズやティラピアなど価格の低い淡水養殖魚に二極化されている。

２．日本の食用魚介類自給率の向上

　戦後、日本の漁業は急速に復興した。沿岸漁業の生産量は昭和30年代初期には頭打ちになったものの、沖合漁業の比重が大きくなり、さらに遠洋漁業も拡大していった。沖合漁業や遠洋漁業が発展途上にあった昭和35年には、漁業・養殖生産量（以下、全体生産量）が619万トンであり、このうち、沿岸漁業が31%、沖合漁業が41%を占め、遠洋漁業は23%にすぎなかった（海面養殖業が５%）。その後、遠洋漁業の生産量は昭和48年には399万トン（37%）のピークに達した。

　しかし、昭和52年に米ソが200海里水域を設定し、その後他の諸外国も追随して200海里水域を設定したため、日本の遠洋漁業は漁場が縮小してしまった。200海里水域が施行された後、マイワシ資源が増加したため、沖合漁業の漁獲量が増加し、59年には全体生産量が1,282万トンのピークに達した。マイワシの漁獲量は昭和63年の448万トンがピークで、その後減少して平成７年以降100万トンを下回った。平成18年の全体生産量は573万トンであり、その内訳は沿岸漁業が25%、沖合漁業が44%であり、遠洋漁業は９%と再び減少した。なお、海面養殖業は21%に増加した。

　米ソの200海里水域施行の前年である昭和51年における日本の輸出動向をみると、主にカツオ・マグロ缶詰やサバ缶詰などを輸出し、輸出金額が世界第１位（輸出量では第４位）の水産物輸出国であった。その後、マイワシの豊漁により魚粉輸出が増加した時期もあったが、原料魚の減少や円高による競争力の低下等により、平成３年頃から輸出金額・量ともに減少していった。

　遠洋漁業の漁獲物は、主に中高級の総菜用に消費されていたが、この供給

量が減少し総菜用の魚が品薄になってきたため、諸外国からの輸入量が増加するようになった。日本の水産物輸入量は昭和52年には83万トンであったが、昭和60年のプラザ合意後の円高をきっかけに増加し、昭和62年には200万トンを上回るようになった。その後、平成14年にはピークの442万トンであったが、ここ数年間350万トン前後で推移し、平成18年には、315万トン、1兆7,074億円であった。国内消費に占める輸入品の割合は、エビ類が9割以上、マグロ類やサケ類では半分以上を占めており、日本の水産物輸入金額は依然として世界一である。

　食用魚介類の自給率（＝国内生産量／国内消費仕向量）は、日本の水産業最盛期の昭和39年には113％あり、200海里水域が設定された昭和52年にはかろうじて100％を維持していたが、平成12～14年には53％に落ち込んだ。その後、水産物消費量が減少する一方、国内生産量（食用）が下げ止まりの傾向となったため、自給率は平成19年には62％まで回復した。

　次に、長い海岸線を有している米国とロシアにおける水産物自給の動きをみる。米国は世界の水産物需要が急増し、魚の争奪戦が激しさを増す中で、最近、養殖を基軸に据えた新しい水産振興計画を相次いで打ち出している。米国では、環境破壊につながるとしてこれまで海面養殖を認めていなかった。しかし、平成37年の世界の水産物需要量が今の3倍になるとの見方があるため、国家海洋大気庁（NOAA）は現在70％を輸入に依存している水産物を、平成29年までに完全自給するという「養殖10年計画」に取り組んでいる。具体的には、沖合養殖の展開、ナマズやティラピアなど給餌効率の良い淡水魚種の養殖振興などが骨子である。また、ロシアでは平成19年にプーチン大統領自らが、平成27年までに養殖生産量を4倍の40万トン、漁業生産量を650万トンに倍増するという水産業再生計画を打ち出した。

　日本としても、食用魚介類の自給率を向上させるため、米ロと同様、養殖生産を増やす必要がある。日本の海面養殖生産量は昭和35年当時が28万トンであり、58年以降100万トンを上回るようになり、平成14年には133万トンのピークに達したが、平成18年には118万トンに減少した。日本は世界に先駆けて養殖業の新技術を開発した。カキ養殖は昭和20年代半ばに筏式垂下方式を、ノリ養殖では昭和30年代半ばに浮流し式方式により、それぞれ漁場を沖合に拡大して増産させることができた。また、マダイ、ヒラメ、クルマエビ

などの人工種苗の量産化に成功し、昭和40年代以降マダイやブリ類などを数万トンの規模で養殖生産している。そのため、養殖魚類生産量は昭和62年以降20万トン台で推移している。一方、ノルウェーやチリでは輸出向けにサケ類を大量生産しており、生産量は日本をはるかに上回っている。アジアにおいても中国、韓国、東南アジアでは平成になって魚類やエビ類の養殖生産を増やしており、輸出を目的とした養殖も行われている。このような状況において、日本はこれまで国内向けの養殖が主体であったが、今後、輸出向けを増やし生産量を拡大させて自給率の向上を図ることが望ましい。

3．日本の輸入御三家はエビ、マグロ、サケ

　日本は、昭和20年代にはサケの缶詰、カニの缶詰、マグロ製品、鯨油などがほとんど輸出に回され、輸入よりも輸出の方が圧倒的に多かった。しかし、昭和30年頃から日本国内での水産物需要が強くなり、遠洋漁業による製品も輸出用ではなく内需に向けられるようになった。その後の高度経済成長期には日本人の食生活は一段と豊かさ、多様さを増し、国内産だけでは間に合わなくなり、高級魚介類を中心に輸入量が増大していった。そして、昭和46年を境に水産物の輸入額は輸出額を上回り、以後、急速に輸入額が増大した。現在、日本が輸入する主要水産物は、金額が多い順に、エビ類、マグロ類、サケ類である。以下にこれら3魚種について生産と輸入の動向を述べる。

　まず、エビ類についてである。日本は、当初、天然エビを輸入していたが、昭和60年代以降東南アジアにおける養殖エビ生産量の増加に伴い、養殖エビの輸入量の方が多くなった。日本のエビ輸入量は、平成6年には冷凍エビ類が30万トンのピークとなりエビ調整品（水煮または塩水煮後、冷蔵・冷凍したものなど）が1.4万トンであった。その後冷凍エビ類が減少しその代わりにエビ調整品が増加したため、平成17年には冷凍エビ類が23万トン、エビ調整品が6万トンになった。東南アジアでは、エビ養殖が外貨獲得の有効な手段として政府により推奨され、日本や欧米などへ積極的に輸出されている。東南アジアのエビ養殖は当初、地元在来種のモノドン（ブラックタイガー）

を養殖していたが、モノドンの病気が深刻化したので、平成12年頃からモノドンの代わりに中南米を原産地とするバナメイを養殖する国が増えるようになった。

　タイの市場調査(平成15〜17年度国際農林水産業研究センターにより実施)によると、タイでは平成15年がモノドン養殖からバナメイ養殖への転換期にあたる。同年には一部の養殖業者しかバナメイを養殖していなかった。バナメイはモノドンよりもかなり価格が低く、バナメイの需要に不安を抱く養殖業者が多かった。しかし、翌16年になるとバナメイ価格が上昇しバナメイ養殖の着業者数が急増し、タイでは16年にバナメイの生産量がモノドンを上回った。バナメイはモノドンより病気にかかりにくく、また、バナメイは遊泳するので定着性のモノドンより面積当たり生産量が2〜3倍多い。このため、モノドンの世界養殖生産量は、平成6年が50万トン、平成18年には65万トンで停滞していたが、バナメイの世界養殖生産量は平成6年の12万トンから、平成18年には213万トンに急増した。このうち中国が約100万トン、タイが約50万トンであった。バナメイはモノドンよりも小型であり、日本ではバナメイを寿司用、モノドンを天ぷら用として主に利用している。

　エビ類は、多くが冷凍により輸出されるので、冷凍エビ類の世界主要国の輸入量の推移をみる。日本は、昭和60年代になって冷凍エビ類輸入量が急増し、平成6年には30万トンのピークを記録したことは既に述べたが、その後日本経済の長期不況などにより国内消費が落ち込み、平成10〜17年には23〜24万トンで推移した。この間、好景気と水産物消費が浸透した米国では、冷凍エビ類輸入量が平成2年の21万トンから平成17年には39万トンに増加した。また、EUでは、従来、冷凍エビ類を主に南米や南アジアなどから輸入していたが、水産物消費量の増加により東南アジアからも輸入するようになった。

　次にマグロ類について述べる。世界のマグロ類(クロマグロ、ミナミマグロ、メバチ、キハダ、ビンナガ)生産量は約200万トンであり、日本人は刺身を中心にこれらマグロ類の約4分の1を消費している。刺身としての利用が多いマグロ類は、価格が高い順にクロマグロ(太平洋と大西洋に分布)、ミナミマグロ(別名インドマグロ)、メバチ、キハダであり、このうち日本

は、ミナミマグロのほとんど、クロマグロの80％を消費しているといわれる。刺身マグロは、従来日本のマグロ船により専ら供給されていた。しかし、その後、日本市場での高価格に注目した韓国、台湾、中国などがマグロ延縄漁業に進出し、日本漁船とともに、世界中の海で日本市場向けに漁獲競争を繰り広げたため、マグロ類資源量が減少した。このため、日本は、平成10年度にマグロ船の国際減船を行い隻数が減少したことから、日本の刺身マグロ類漁獲量は台湾に次いで2番目に下がった。

　日本の刺身マグロ供給量（国内生産量と輸入量）は、平成10年には50万トンであったが、平成11年以降マグロ船の国際減船による隻数の減少により46万トン前後で推移し、平成19年には輸入量の減少により38万トンになった（水産庁まぐろ需給協議会）。

　日本の天然クロマグロ消費量は、バブル期には増加したが、バブル崩壊後減少した。また、バブル崩壊直後の平成4年から蓄養マグロ（クロマグロとミナミマグロ）を輸入するようになり、平成6年から輸入量が増加した。蓄養マグロとは、産卵後の痩せた成魚や中小型魚を数か月生け簀の中に囲って餌を与えて太らせ脂身部分を多くしたものである。当初の蓄養マグロはオーストラリアのミナミマグロだけであったが、平成9年以降地中海沿岸諸国（スペイン、クロアチア、ポルトガル、イタリア、マルタなど）がクロマグロを蓄養するようになった。諸外国が生産した蓄養マグロはそのほとんどが日本に輸出され、蓄養マグロの生産量（原魚ベース）は、平成11年には1万トン台にすぎなかったが、平成16年には3.5万トンに増加した。しかし、地中海ではクロマグロ資源が減少したため、平成19～22年のEU全体の漁獲枠が段階的に削減され、地中海の蓄養マグロ生産量は、平成18年をピークに減少した。このため、平成19年以降日本への蓄養マグロ輸出量が減少している。

　蓄養マグロは、天然クロマグロよりも価格が安く、天然クロマグロの価格が蓄養マグロの価格にひきずられる形で下落し、蓄養と天然の価格差が縮小した。一般に、最近の刺身マグロは、身の3割がトロ部分（大トロと中トロ）、7割が赤身といわれているが、蓄養マグロでは餌を大量に与えられるので天然クロマグロよりもトロ部分が多くなり、蓄養マグロの輸入によって国内のトロ部分の供給量が大幅に増加したため、日本の刺身マグロの低価格化に拍車がかかった。このため、蓄養マグロは、供給量が少なかった当初には高級

料亭での利用に限られていたが、現在では価格が半減したため回転寿司での利用が多くなった。

　一方、我が国では、昭和45年に水産庁によるマグロ養殖研究が開始され、平成になって民間事業としての取組みが拡大し、クロマグロ養殖生産量は平成14年の4トンから、19年には4千トンに増加し、21年には8千～1万トンに達する見込みである。養殖マグロとは、ヨコワ（天然クロマグロの幼魚）や人工種苗を2～2.5年間飼育したものである。平成14年に近畿大学は受精卵を人工ふ化させて得た仔稚魚を成長させて成熟・産卵するまでを飼育下で行う完全養殖を達成した。クロマグロの養殖は、海水温が高く成育が早い海域や、養殖用種苗のヨコワの採捕地に近い海域を中心に行われており、鹿児島県奄美大島での生産量が最も多い。日本は養殖マグロの国内生産量を増加させることによって、海外からの蓄養マグロの減少分を補完している。

　刺身マグロは、世界的な寿司ブームの影響で主要ネタとして有名になり、最近では米国、ヨーロッパにとどまらず、ロシア、中国でも盛んに消費されるようになった。日本以外の刺身マグロ市場は、平成19年には、米国が30～50千トン、韓国が15～20千トン、台湾が5～8千トン、EUが4～8千トン、中国が4～6千トンと推定される（責任あるまぐろ漁業推進機構資料）。関係国の刺身マグロの消費状況をみると、米国では寿司の消費が多いことは先に述べたが、刺身マグロ全体の8割がステーキとして消費されるといわれている。また、台湾では自国周辺でクロマグロを漁獲し、従来、そのほとんどを日本へ輸出していたが、その後海鮮料理として自ら食べるようになり、現在は近海産生鮮マグロのほとんどが国内消費に回っている。刺身マグロは、日本市場への一極集中から徐々に分散する傾向になりつつある。

　最後にサケ類について述べる。ノルウェーでは、昭和59年頃から大西洋サケ養殖が本格化し、平成18年の生産量は62万トンに増加した。ノルウェーは、人口が473万人（平成20年）と少なく水産物の生産余剰が多いことから、伝統的な水産物輸出国である。水産物輸出額は平成18年には356億NOK（1NOKは約20円）であり、その内訳は、サケ類が52％、底魚類（タラ類が主体）が28％、浮魚が15％である。輸出先はフランス、デンマーク、ロシア、イギリス、日本の順である。

ノルウェーでは昭和63年から大西洋サケの養殖生産量が急増したが、平成元年と３年に米国やカナダの天然サケ漁獲量が豊漁により増加した時に、世界全体のサケ需要量が変わらなかったため、ノルウェー産養殖サケの輸出が伸びず価格が低下し、多くの養殖業者が倒産した。ノルウェー政府は、サケなど自国水産物の海外での需要を拡大して輸出量を増加させるため、平成３年漁業省の下に「ノルウェー水産物輸出審議会」を設置し、加工品を含む全水産物の輸出収益の一部を資金として水産物の輸出促進事業を行っている。同審議会は、現在、日本を含む世界14か国に配置され、各国のテレビや雑誌などでの広告宣伝、店舗での販売促進、メーカーや流通業者を対象としたセミナーを開催して、サケ類の輸出市場を新たに開拓し、養殖サケ類の世界全体の需要量を大幅に増大させることに成功した。

　ノルウェーの大西洋サケ養殖業は、当初、辺境にある漁村社会を活性化させるため、より多くの地元住民が養殖業に着業できるよう、地元の養殖業者のみが着業した。しかも１経営体が１つのライセンス（養殖免許）しか取得できなかったため、経営規模が小さかった。このため、平成元年と３年には多くの養殖業者が倒産に追い込まれたことから、ノルウェー政府は平成３年国内外の大規模企業による複数のライセンスの取得を認めることにした。この結果外国の大手企業が、投資目的で辺境の漁村にあるライセンスを買収し養殖規模を拡大させたため、国際的に競争力の強いサケ養殖産業が育成された。しかし、その代償として、ノルウェーの一部の漁村社会が衰退したといわれている。

　ノルウェーは、自国の漁場を守るためにEUに加盟しなかったことから、EUへ養殖サケを輸出する際の関税が、サケの輸出形態（加工原料魚と加工品）により異なる。ドイツ、デンマーク、スウェーデンなどにはサケの水産加工場がある。EUは域内の水産加工産業を保護するため、ノルウェーから加工原料魚を輸入する場合には関税を低くし、加工品を輸入する場合には関税を高くしている。このため、ノルウェーは加工原料用の養殖サケをEUへ大量に輸出している。

　世界の天然・養殖サケ生産量の比率をみると、当初、養殖ものの方が少なかったが、平成９年に養殖サケ生産量が天然サケ生産量を上回り、平成14年には養殖ものが70％近くを占めた。養殖された大西洋サケは、脂ののりがよ

く、生食用にも加熱用にも利用できるという特徴がある。このため、従来のEU内のサケ市場は、天然サケの缶詰や燻製を主体に北部ヨーロッパに限られていたが、現在は中部や南部のヨーロッパでも養殖サケが大量に消費されるようになった。平成18年のサケ類消費量（養殖と天然の合計）は、ヨーロッパが71万トン、アジア（日本を除く）が11万トン、北米が39万トン、日本が46万トン、南米が1万トンであった。

　日本におけるサケ類供給は、昭和40年代まで日本の北洋さけ・ます漁業が主体であったが、昭和50年代以降国際的な漁業規制の強化によって同漁業の漁獲量が大きく減少したため、さけ・ますふ化放流事業を基盤とする定置網漁業に主体が移った。北洋さけ・ます漁業では価格の高いベニザケが、定置網漁業では価格の低いシロザケが漁獲された。しかし、平成に入ると、養殖サケ輸入量が急激に増加し、現在では、養殖サケの輸入量が天然サケの国内消費量を上回っている。

　日本に輸入される養殖サケは、大西洋サケ、トラウト、ギンザケがある。大西洋サケは、ベニザケやシロザケと異なり多回産卵であり性成熟を人為的にコントロールできるため、身色や脂肪含有量を好ましい水準に維持し、周年品質の高いサケを出荷している。そのため、市場における評価が高く、刺身市場にもかなり浸透している。ギンザケやトラウトは冷凍された状態で輸入され、定塩フィレなどに加工されるが、大西洋サケは、生鮮冷凍状態で輸入されるものが多く、刺身やステーキとして賞味されるので、最高級品として扱われる。

4．国産水産物の輸出拡大と日韓刺身文化の共有

　日本の水産物輸出は、戦前には遠洋漁業によるカニ、サケ、戦後は遠洋漁業によるカツオ・マグロが盛んであった。また、昭和50年代には、沖合漁業によるマイワシ・サバ、平成になると沿岸漁業・養殖業によるサケ・タチウオ・マダイの輸出が増えたことが特徴である。水産物は、腐敗しやすいために、従来は缶詰の貿易量が多かったが、技術の進歩、流通の改善及び需要の増加により、活魚・生鮮魚介類（冷蔵を含む）の貿易量が増加した。

農林水産省は、日本の農林水産物・食品の輸出額を平成25年までに1兆円規模に拡大することを提唱した。国内の需要が飽和状態にあることを考慮すれば、販路拡大として輸出に努力することが重要である。農産物はリンゴやイチゴなど高付加価値商品を輸出しているが、水産物では、活魚や干しアワビ・イリコのような付加価値の高いものから、加工原料魚（シロザケ等）など付加価値が低いものまで多様である。また、水産物輸出先は、従来欧米への加工品輸出が多かったが、最近では、中国・韓国・タイ・アフリカ諸国などへ鮮魚・冷凍魚の輸出が増えた。

　水産物価格は、日本では水産物の国内消費が縮減し低下傾向にあるが、海外では経済発展による富裕層の増加や加工用原料魚の需要増により上昇傾向にある。日本の水産物輸出量（真珠を含む）は、平成11年が20万トン（1,414億円）であったが、平成18年には59万トン（2,041億円）に増加した。平成18年の水産物輸出金額は、真珠を除くと、サケ類、サバ、干しナマコ、スケトウダラの順に多い。スケトウダラとサケは、円安時期には日本の国内価格よりも中国や韓国等の価格の方が相当高いため、日本の漁業者は国内魚価低迷対策と漁業経営安定のために輸出した。

　韓国の市場調査（平成18年度水産庁委託事業により実施）によると、韓国では沿近海漁業で漁獲されるスケトウダラが生鮮もの、遠洋漁業で漁獲されるスケトウダラが冷凍ものとして、それぞれ流通している。平成10年には生鮮ものの価格が1,952ウォン（1ウォンが約0.1円）であり、冷凍ものの価格1,546ウォンとあまり隔たりがなかった。しかし、その後、沿近海漁業での漁獲量が激減したため、平成17年には生鮮ものの価格が7,921ウォンに急騰した。冷凍ものは複数国から輸入され長期保管ができるため、価格が2,000ウォン前後で推移している。生鮮ものは、韓国の経済成長に伴う国民所得の上昇により、高級鍋料理の材料として評価が高くなり価格が高騰した。韓国国民が食する生鮮スケトウダラは、ほとんどが日本からの輸入に依存している。北海道釧路地区の沖合底びき網漁船は、平成11年から本格的に生鮮スケトウダラを輸出している。輸出前のスケトウダラは、ほとんどがすり身原料であったため30円程度（1kgあたりの単価、以下同じ）の低価格であったが、韓国へ輸出されるスケトウダラは200円以上の価格を形成するようになった。この結果釧路地区の沖合底びき網漁船は、漁労体1か統あたり生産額が、輸

出前（平成7年と平成8年）には252〜276百万円であったが、平成12年には442百万円に増加した。

　また、日本はサバを中国・韓国の他、エジプトなどアフリカ諸国にも輸出している。このうち、中国への輸出が一番多く、長崎県松浦市ではまき網で漁獲されたサバを平成16年から中国大連向けに積極的に輸出している。17年には大連で海洋食品健康文化交流会を開催し、アジ・サバの料理講習を行った。大連に輸出しているものは、地元松浦市では食用として消費されているが、流通コスト等の事情により日本では国内消費地まで届かない小型アジ・サバである。サバを事例として産地価格と消費地価格の現状をみると、産地に水揚げされるサバは、サイズによって生鮮向け、加工向け、飼料・餌料向けと異なる用途に向けられる。平成18年度水産白書によると、サバの価格は用途によって大きく異なっており、生鮮向けに比べて加工向けが2分の1、飼料・餌料向けが10分の1にしかならない。多獲性魚種のサバは生産量が大きく変動するが、生鮮向け出荷量は比較的安定しており、加工向け出荷量も極端には変動しておらず、生産量の増減は主に飼料・餌料向け出荷量に反映されている。このように、水産物の輸出拡大は、漁業者にとって需要の開拓と所得の向上につながっている。水産物輸出は日本国内の漁業生産力を高め、食料安全保障の確保と自給率の向上に役立つ。

　次に、日韓相互の活魚輸出と刺身文化について述べる。活魚の輸出は、元気な状態の魚を相手国へ届けなければならないことから、輸送距離が短いことが必須であり、貿易相手国は近隣国に限られる。日韓間における活魚の輸出入量をみると、日本から韓国への輸出はマダイが多く、韓国から日本への輸出はヒラメが圧倒的に多い。

　韓国では、昭和63年のソウルオリンピックで韓国へ訪れる日本人客に刺身を提供するために、日本から活魚マダイを輸入したのがマダイ輸入の始まりといわれる。日本のマダイ養殖は、愛媛県、三重県、熊本県などで行われているが、平成2年以降愛媛県が全国1位の生産量であり、平成17年には全国生産量76千トンのうち、愛媛県が36千トンで半分近くを占めている。愛媛県は他県に比べて水温環境や漁場環境に恵まれているため、全国で最も低いコストでマダイを生産することに成功している。韓国への活マダイ輸出量全体

に占める愛媛県の比率は、平成18年には60％であった。

　近年、日本国内の養殖マダイ価格は消費量の低迷により低落傾向にあり、日本産マダイの一部を韓国へ輸出することが、マダイ価格の低落防止に役立っている。日本から韓国への養殖マダイ輸出量は、平成13年には1.9千トンであったが、平成18年には4.4千トンに増加した。

　韓国最大の魚類養殖産地・活魚の輸入港である慶尚南道統営市（けいしょうなんどうとうえいし）の活魚輸入業者によると、日本は韓国よりもマダイ養殖の水温環境に恵まれ、養殖技術が優れており品質の高いものを生産している。このため、日本産マダイの価格が韓国産マダイよりも高いとのことであった。韓国では、従来、水産物輸出額が水産物輸入額を上回っていたが、国内需要の増加により、2001年から輸入額が輸出額を上回るようになった。

　韓国では、1990年代に海洋法条約の一連の動きの中で、遠洋・近海漁業の漁場縮小に伴い、漁船漁業から養殖業への転換が図られた。韓国の魚類養殖では、ヒラメは陸上水槽により、クロソイ・マダイ・クロダイなどは小割式生け簀により養殖される。韓国では、ヒラメとクロソイは養殖生産量が多くほとんどを自給しているが、マダイやクロダイなどの国内生産量は年変動があるので、日本や中国から輸入している。韓国の小割式生け簀養殖では、1つの経営体がクロソイ、マダイ、クロダイなど複数魚種を同時に別々の生け簀に養殖し、価格の変動や赤潮による斃死（へいし）などのリスクを分散しているのが特徴である。

　韓国が輸出する養殖魚はヒラメだけであり、輸出先はほとんど日本に限られる。韓国では、平成になって済州道（さいしゅうどう）や全羅南道（ぜんらなんどう）などの地域でヒラメ養殖が盛んに行なわれるようになった。特に、済州道では適水温の地下海水を利用して陸上養殖を行うので成長が早く、種苗から出荷サイズ（1.1kg）までの飼育期間が韓国国内で最も短く、生産コストも低いという利点を有している（済州道での飼育期間は13〜15か月であり、愛媛県よりも2か月短い）。ヒラメは、韓国から日本へ活魚車等により少量ずつ輸出されるので、運搬費、関税などの輸出コストが1kgあたり生産コストの3割程度を要しているが、済州道産ヒラメの生産コストが日本産に比べて3割程度低いので、日本に輸出すると収支がトントン程度といわれている。

　韓国では、平成17年の養殖ヒラメ生産量が40千トンであり、このうち、5

千トンを日本へ輸出し、大部分が済州道産である。日本国内における養殖ヒラメ総供給量に占める韓国産ヒラメの比率は、平成12年が25%であったが、平成17年には55%に増加した。このため、韓国産ヒラメは日本国内におけるヒラメの価格形成に影響力を持つようになった。

　日本国内における養殖ヒラメの価格は、バブル崩壊までは高値で推移していたが、その後低下した。また、バブル崩壊後、韓国から安い価格のヒラメが輸入されたので、日本産ヒラメの価格はさらに下がり現在に至っている。韓国産ヒラメの品質は日本産とほとんど同じである。円安ウォン高になると、日本国内での韓国産ヒラメの価格が上昇するので、日本産ヒラメの価格も少し上昇する。

　韓国の刺身文化は、戦前に日本から持ち込まれたようである。日本の刺身は、活魚と鮮魚の両方から作られるが、韓国の刺身は活魚から作られることが多いため、日本よりも相対的に価格が高い。韓国では、刺身を活魚料理店で食べることが多い。韓国ソウル市民の台所を預かるノリャンジン魚市場で販売される刺身は、一皿に4〜5魚種（オオニベ、スズキ、マダイ、アイナメ、クロソイ、ヒラメ、クロダイなど）の刺身を盛り合わせ（値段が1万ウォン）にしたものが売られている。韓国の人々は、活魚の刺身を食べる時には焼肉と同様に、酢みそを付け野菜に包んで食べる。そして、口の中に入れて噛んだ時に歯応えのあるものをうまいと感じているようだ。また、韓国でもセゴシを食し、コノシロ、サヨリなどの刺身は三枚におろさず中骨ごと薄切りにして皿に盛られており、韓国語で「segoshi」と発音されており、日本の「背越」と同じ発音である。

　韓国における活魚の刺身は上記からわかるようにすべて白身魚であり、一般的に白身魚の方が赤身魚よりも価格が高い。しかし、赤身魚の中でも刺身マグロは日本の魚食文化の影響を強く受けて例外的に嗜好性が高く、高級な刺身として扱われている。韓国では、1980年頃から刺身マグロが消費されるようになり、1990年代以降外食産業の整備により消費量が拡大した。また、2000年代になるとアジア経済危機後の経済成長により消費量がさらに増加した。

5．国内水産物の価格低迷と買い負けへの対応

　最近、国内水産物価格の低下傾向が顕著である。日本の主要な天然魚8魚種を示した。これら8魚種のうち、ヒラメ、クロマグロ、マダイ、ブリ類、サケ類の5魚種は、国内で養殖や放流も行われ、マイワシ、マダラ、スケトウダラの3魚種は国内で養殖や放流が全く行われていない。昭和50年から平成17年までの30年間を5年間隔で、これら8魚種の天然魚の産地価格（消費者物価指数の補正済み）の推移を示した。この表によると、国内で養殖や放流が行われていない3魚種は、長期的な漁獲変動もあって平成17年における価格が、30年間で最低値になることはなかった。しかし、国内で養殖や放流が行われている5魚種については、平成17年にすべてが最低値であった。これら5魚種は養殖魚の価格低迷の影響を受けて、天然魚の価格が低下を続けたためと思われる。

　日本の水産物流通は、産地市場から消費地市場に集荷される流通システムが発達している。水産物は、農産物より鮮度劣化が早く、品質にばらつきが

表4-1　日本における主要天然魚種価格の推移（消費者物価指数の補正済み）

魚種	区分	昭和50年	昭和55年	昭和60年	平成2年	平成7年	平成12年	平成17年
ヒラメ	天然魚の他、養殖・放流あり	1,934	2,223	2,356	**3,270**	2,218	1,789	1,564
クロマグロ	〃	2,261	2,187	3,252	**4,606**	1,962	1,692	1,408
マダイ	〃	2,526	**2,911**	2,442	2,234	1,622	1,144	906
ブリ類	〃	**1,412**	1,108	931	705	489	437	418
サケ類	〃	**1,506**	1,216	711	510	253	419	233
マイワシ	天然魚のみ	57	42	22	24	70	115	**233**
マダラ	〃	248	259	245	**269**	221	245	232
スケトウダラ	〃	68	**107**	95	90	101	83	102

資料：漁業・養殖業生産統計年報（農林水産省）
注：太枠・太字の数値が最高価格、網かけの数値は最低価格。

あるため、スムーズな出荷のために産地市場の機能が大きい。しかし、国内漁業生産量の減少と輸入水産物の増加に伴い、小売業における主役が、小規模鮮魚店からスーパーマーケットに移行すると、産地市場の機能が低下してきた。また、水産物の消費形態が「家庭消費から業務消費へ」と変化すると、業務消費の比重が高まり、水産物には、いわゆる四定条件（定量、定質、定価、定時）に加えて、「低価」が求められるようになった。「定量」が果たせない少量魚種は市場からはじき出され、まとまった量が水揚げされない中小の産地市場が厳しい状況になっている。その結果、水産物の供給はロットがそろう輸入品が中心になっていった。

　日本の消費地市場では、外国人を含む誰でも水産物を販売することができ、販売金額は即日現金により支払われる。また、関税や販売手数料が安いこともあり、築地魚市場などには、大量の輸入水産物が出荷されている。しかし水産物輸入量の増加は国産水産物の価格を押し下げ、国内の漁業や養殖業の経営を悪化させている。輸入量が少なかった頃には、産地市場で競り落とされた価格に運送費等の流通経費を上乗せした価格が消費地市場の価格決定の目安になることが多かった。しかし、国産価格よりも安い輸入水産物が大量に国内で流通するようになると、産地市場の価格いかんにかかわらず、輸入水産物の安い価格が国産水産物の価格を下げる方向で作用し、国内価格が低下していった。このため、日本国民が水産物に持つ値頃感は安いものとして定着しつつある。

　しかし、2000年代になって、世界的な水産物消費の増加により、水産物の供給余力が限られてくると、輸入水産物の価格が高騰するようになった。日本は、これまで世界中から比較的安い価格で大量の水産物を輸入することができた。しかし、日本経済のバブル崩壊後の停滞と諸外国の経済成長により、日本円はドルを除く外国通貨に比べて弱くなっている。

　輸入水産物の国際価格の高騰に対し、日本は円安と国内の水産物価格の低迷により、一部の水産物では国際価格が上昇した。そして、日本の輸入業者が価格競争についてゆけずに他国にとられてしまう、いわゆる「買い負け」現象が起きている。市場で日本が買い負けしている背景の1つには、海外では水産物が日本よりも付加価値の高い商品とみられていることもある。ヨーロッパでは豚肉の食文化が旺盛であるが、水産物が健康的な食材とみなされ、

水産物価格が豚肉よりも2～3倍高いといわれている。中国でも、海産物は高級食品に位置づけられており、経済発展に伴い沿海都市部を中心に需要が急増した。オランダ・アムステルダムにある（株）日水ヨーロッパのI社長によると、ヨーロッパ人は牛や豚は簡単に飼育できるが、魚は荒海の中を命がけで獲ってくるので、水産物の方が畜肉よりも価格が高いのは当然であると思っている。日本では、魚は大量に漁獲され、安く手に入るものと思われがちであり、畜肉よりも価格の安い水産物が多い。日本の漁業者にとってヨーロッパの漁業者が羨ましい存在である。

いずれにせよ、日本ではバブル経済崩壊後、消費者の間に「低価格志向」が強まっている。一般の工業製品はコストが価格に反映されているが、水産物の産地価格はコストが反映されておらず、原価割れ近くの価格となっていることが多いようである。

最近のブリ類、マダイ、ヒラメなど養殖魚の肉質は天然魚に近づいており、養殖技術の完成は近いと確信することは既に述べた。養殖経営の実態をみると、最近、配合飼料や生餌の値上がりにより、養殖魚の生産原価が大幅に上昇している。しかし、市場で形成される魚価はあくまで、原材料値上がり前の水準をベースに、それぞれの需給バランスで決まっている。養殖魚の価格は、生産者価格と小売価格が乖離し、生産コストの増加分を生産者価格に転嫁できないことが問題となっている。日本の魚類養殖業は付加価値の高い養殖魚を生産している。日本の小売業者や消費者は、国産の養殖魚に対し、もっと高い評価を与えて、生産コストを価格に反映させるべきである。

第5章 水産食品のすばらしさと魚食文化の展望

1．長寿社会を築いた米と魚

　高齢者の医療対策はどこの国でも問題になる。特に日本はそのテンポが早く、高齢者の割合は急激に増え続け、看過できない関心事へと発展し、メタボリックシンドロームという医学専門用語が巷にあふれている。65歳以上になると、肥満度（BMI）25以下、へそ下の腹囲が男子で85、女子で90センチ以上ある人はブラックリストに載り、脂肪、血圧、糖代謝を基準値以下にするための食事や運動方法を強く指導されるが、その裏には政府主導による高齢者の医療費軽減対策であることが見え隠れする。アメリカ政府が30年以上も前に行った食生活に関する勧告を思い出す。マクガバンレポートがそれで、概要は以下のようであった。

　アメリカの成人病への治療費は年々増え続け数兆円を超えたが、その原因は食習慣にあり、脂肪と砂糖の摂り過ぎとでんぷん質食品の不足にある。このため、脂肪からのカロリー摂取量を30％以内にすることが食事の改善目標であった。このことを受けてアメリカ政府が取った行動は、国内での寿司食の普及と日本への牛肉販売の促進であった。

　また、マクガバンレポートと同じ頃に、国連食糧農業機関／世界保健機関（FAO/WHO）は人間の食事目標について提言している。その中で、三大栄養素の摂取目標を定め、炭水化物60％、脂肪、たんぱく質をそれぞれ20％摂取することが望ましいとし、その理想系に最も近いのが日本食であると評価した。だが、その当時、大半の日本国民はこのことに関心を示さないまま、アメリカのような脂肪過剰摂取型へと突き進んだのである。

　食習慣病は30歳頃までについた食習慣がそのまま続くために起こる成人病であり、変えようと思っても変えにくいやっかいな習慣である。良い食習慣が身に付いておれば簡単な医療行為で長寿を持続できるが、その結果、高齢化社会を助長してしまう。現在の日本はその状況にあり、米と魚を中心にした食習慣によって得られた高齢化社会であると評価できる。人間の寿命はどんなに長く見積もっても130歳が限界だそうである。

　その原因の一つにリポフツシンという物質がある。高度不飽和脂肪酸が活

性酸素に攻撃されると多くの過酸化物ができるが、リポフツシンはその中の一つであり、認知症の促進物質だとの報告があって以降、学校給食の定番メニューであった焼き魚が姿を消したことを覚えている。生命科学に関する研究によると、リポフツシンは脳内で普通にできる物質であり、排出する機能が脳には備わっているので蓄積されないが、高齢化などで排出機能が低下すると認知症の発病や脳機能の麻痺で死にいたるそうだ。焼き魚は日本人が最も好む料理の一つである。学校給食で焼き魚を多く出し、箸の持ち方や使い方を徹底的に鍛える食育活動を切に願いたい。

より多くの国民が長寿をまっとうし、人生を謳歌できる社会の構築を目指すのが真の福祉国家であり、フィンランドやデンマークがそのモデルになると誰もが評価する。日本はどの程度の福祉国家を目指すのかは定かでないが、世の乱れと食の乱れが相まっているのは確かなようだ。司馬遷の言葉「以食為天」や、斉の賢相で法家の祖とも言われる管仲の言葉「倉廩実則知 礼節 」を念頭に置き、マクガバンレポートが示したように米と魚を中心にし、健康維持に優れた日本食の推進を強化すべき時期である。

米は古くから日本人の主食であったし、武家の禄にもなってきた。米にはたんぱく質も含まれるが、白米にする搗精工程で糠を含めて多くのたんぱく質を削り取ってしまうし、必須アミノ酸のリジンが少ないので、ジャガイモのようなでんぷん質食品と考えるのが妥当である。

魚が生きているときにはウオ、イオと呼びこの漢字を当てるが、死んで食べる段階になると酒菜という漢字を当ててきたのだが、米ではこのことが今でも続いており、生きた段階を稲や稲穂と呼び、稲作農家と呼ぶが、食べる段階になると米と呼び、販売所も米穀店と呼ぶ。

稲の起源だが、野生種がタイと中国の国境付近で見つかったことから栽培品種もそこで生まれたとされてきたが、栽培品種は長江中流域の四川省だとするDNA解析に基づく説が提唱されている。インディカ種はそこから西へ伝播し、ジャポニカ種は東に伝播して日本へ到達した。別名パサパサ米とネバネバ米と呼ばれ、スプーンと箸の文化がそれぞれに発展した。

ネバネバ米を好むのは日本人の特徴であり、コシヒカリやササニシキがその代表である。炊き立てのご飯を手で食べようとすると、手を水でぬらさない限り、大変な作業になるが、箸だと容易に出来るし、魚の骨の間の肉も容

易に摘み取って口へ運べる。但し、この作業は箸の正しい使い方を知ってのことであり、箸の持ち方や使い方を正しく教える食育や躾が大切になる。国民総出で食育に取り組まなければ、箸文化を初めとして米と魚を中心にした日本の食文化が廃れてしまうと心配する。

　最も粘るのがもち米でアミロペクチンと呼ぶでんぷんだけを含んでいる。そこへアミロースと呼ぶでんぷんが含まれると粘りが少なくなり、日本人が最も好むコシヒカリやササニシキのアミロース含量は20％前後で、品質が劣る米では30％前後、日本人が受け入れないインディカ種ではアミロースの割合が70％前後にも達する。インディカ米を手で食べる国では粘りを嫌い、二度炊きや吹きこぼし（炊き干し）法によって粘り成分を徹底的に除いてから食べている。日本が世界有数の経済大国になった頃の話だが、エコノミックアニマルと揶揄されたし、日本人は腹持ちする米を好んで食べる如くに、ケチで金を使わないので金持ち大国になったとのブラックユーモアも囁かれたそうだ。

　米の品質は自主流通米制度を採ってから格段に向上した。伝統ある銘柄米だから高く売れると言う保障がないほどに競争が激化しており、最近では北海道米に人気が集中している。稲の研究者総数は数千人に達すると聞くから驚くが、大学、国、都道府県と民間会社などと指を折って数えていくと合点できる。そこで生まれた銘柄品種は60を大きく超えたと聞くから更に驚く。保存技術も格段に向上し、籾（もみ）で長期保管し、食べる前に脱殻、精米するので、新米と変わらない香りをいつでも楽しむことができるようになった。ご飯の香りを楽しむには炊くときに用いる水が極めて重要であると書き添えたい。東京都の水道水も水質が著しく向上し、数分間沸騰させるだけで、煎茶の味と香りを楽しむことができるようになった。名水が多く売られているが、東京都の水道水でも新米の味や香りを楽しむことができる。

　酒菜という漢字にこだわるからには、酒米についても述べなくてはならない。有名な雄町（岡山と広島）、山田錦（兵庫）の他に戦後生まれの五百万石（新潟）ぐらいは知っていたが、酒米が30品種以上もあるとは知らなかった。酒作りは「一麹、二酛（もと）、三が造り」と言われるように麹が最も重要であり、そこに酒米が使われるのである。銘柄米は多くあるが、共通する特徴は大粒で芯の部分に空気が入り白くなっていることだそうである。ご飯で食べ

る米は別名を水晶米というように透明で空気の入っていないことが重要であり、その点で酒米と大きく異なる。心白があると均一に蒸せるし、麹菌が芯部まで繁殖して十分な発酵が行われ、酒の収量が多くなるそうだ。酒の研究所である醸造研究所が広島県に移ったのは雄町とそこで作る清酒に惚れたからだと聞くし、山田錦を使った酒は兵庫だけでなく富山、愛知、福島などでも造られている。しかし、県の醸造研究者に聞くと、山田錦は同じでも三木産の米とは一味違った酒になると言う。身土不二は人間だけでなく米にも適合する言葉なのであろう。

　寿司は米と魚が合体した日本を象徴する食べ物であり、寿司米も開発されているのではないかと尋ねたが、日本晴れ以外に寿司用の米が誕生したとは聞かなかった。既存の品種や古米をブレンドしたり、酢や砂糖を加えたりする寿司職人の応用範囲があまりにも広いので開発意欲が湧かないのだと勝手な解釈をしている。　　　　　　　　　　　　　　　　　　　（西岡不二男）

2．白身魚・赤身魚・中間身魚のおいしさ

　本命の魚だが、魚介類という漢字の意味から述べてみたい。日本人は魚類を種類や量において最も多く食料にしているが、魚類以外にも、貝類、頭足類、鯨類、海藻など、その種類は1千種以上に達するためにこの字を当てたようだ。その数の多さに驚いてはいけない。海に生息する生物は1万種以上に達するので、食料利用率は10％以下になる。利用率が最も高い日本での数字なので、多くの国は1％にも満たないと容易に想像できる。世界の総漁獲量は約1億トンであり、それ以上の漁獲量は望めないとのことであるが、日本のように食用にする種類を増やすことを考慮すれば、海産資源の食用化には開発の余地と夢があると確信する。地球の7割を占める海である。鯨を含め、そこに生息する多くの生物を食料にするという視点で議論すべき時期でもある。旧約聖書の創世記には、「産めよ、増えよ、地に満ちて地を従わせよ。海の魚、家畜、地の獣、地を這うすべての生き物を支配せよ、それがあなた達の食べ物となる。」とあり、そこには宗教的タブーを含めて食に対する偏見は存在しない。しかし、6～7世紀に起こった宗教の分派の中で食の

タブーが生まれた。以来、食へのタブーは強まることがあっても緩和されないまま今日に至り、その中で地球規模での食料不足が論じられている。

魚の約300種類を私たち日本人は食料にしている。肉はたんぱく質や脂肪に富むが、炭水化物は少ない。たんぱく質食品のモデルに卵がなるのは人間の成長に必要だが、体内では作ることができない必須アミノ酸を全て含むためだ。魚のたんぱく質は卵に比べて含硫アミノ酸が若干少ないものの、牛や豚、鳥などの肉と同じように完全たんぱく質である。不完全たんぱく質食品は植物性たんぱく質に多く、米はリジン、大豆はトリプトファンがそれぞれに少ない。

魚は肉質の違いによって、およそ次のように分けることができる。

白身魚：タイ、ヒラメ、カレイ、スズキ、タラ、コチ、アンコウ、アマダイ、ホウボウ、フグなど

赤身魚：サバ、イワシ、マグロ、カツオ、サンマ、シイラ、カジキ、サメ、ヒラソウダ、アロツナスなど

中間身魚：ブリ、アジ、トビウオ、タチウオ、カマス、サワラ、ホッケ、サケ、ボラ、イサキなど

肉質の違いもさることながら、その姿を想像できる程度に学習してもらえれば、これまでに育んできた日本の魚食文化も持続できると願う次第である。

白身魚の特徴だが、マダイを例にとると、餌を捕るとき以外は俊敏な動きをしない魚で、血液量が少ないので血抜きが不要だし、酸素の貯蔵庫であるミオグロビンも少ない。また、死後に生じる乳酸などの蓄積により肉のペーエッチー（pH）は中性から酸性へ移行するが、その度合いが最も小さく、肉が堅くならないので刺身を始めとしてあらゆる料理に適合する魚である。脂肪含量も少なく、旬のころでも10％程度に留まる。鮮度低下臭は血液や脂肪の酸化によって起こる変敗の一種で、味の低下や異臭の発生などを見るが、「腐っても鯛」という言葉が生まれたごとくに、異臭の発生や味の変質が少ない魚である。白身魚は味の指標となるエキス量が少ないので淡白な味を呈し、米と同様に毎日食べても飽きの来ない魚であるが、高級魚が多く高価であり、毎日食卓へ上ることが難しい。タイ、ヒラメ、スズキなどの淡白な味は日本人のDNAに刻み込まれていると確信する。本物を口にして味覚を蘇えらせていただければ幸いである。生きたコイは京都でも簡単に入手できた

ので鱠(なます)食材などとして、公家料理にも盛んに用いられた。しかし平安中期以降では、スズキ、ヒラメ、タイなどにその座を奪われており、夏場に強くなる泥臭さを除けなかったためだと想像する。鯉こくや酢味噌で食べる洗いなど、どれを採っても、コイは冬の料理に向いた魚である。

　タイは祝いの膳に不可欠の魚で、新年の祝いは勿論、結婚式の祝い魚でもある。皇太子の結婚式だったと記憶するが、出されるタイの塩焼きにニュージーランド産のマダイが使用された。国産原料を使うのが基本であり、調達ルートを手がかりに求めたが、サイズと数量の点で不可能であったとの宮内庁弁明であった。

　タイの姿焼きが好まれたのはその形状の美しさにもある。棘鬣魚と書いてきたように大切なのは背鰭、胸鰭、尾鰭の形状にあり、その形を壊さないように焼き上げるのが料理人の腕で、強火の遠火はそこから生まれた技である。タイを含めた白身魚の多くは高級刺身魚になってきた。老舗の料亭の料理人が先付け料理に神経を注ぐのは、この一品で店の風格が決まるからだそうである。素材になる魚は白身魚が中心で、マグロなどの赤身魚を選ぶことは皆無に等しいと聞く。

　一方、赤身魚の特徴は全てが白身魚とは逆で、エキス含量が多く、脂肪含量も30％程度にまで達する魚が多い。日本で生まれたクロマグロは、餌を求めて太平洋を横断してアメリカ沿岸で餌を食べてから日本へ帰ってくるし、カツオもメラネシア周辺海域で生まれ、餌を求めて日本列島沿いにカムチャッカ半島付近まで北上する。そのために酸素を貯蔵するミオグロビンを多く含み、持続運動を可能にする血合肉や血液も多い。活発に泳ぐためには多くのグリコーゲンを必要とするが、その分、死後には多くの乳酸を生成してpHが大きく低下する。下手な扱いをすると、大量の肉汁を失い（硬直ドリップ）、味を損ねてしまうし、高度不飽和脂肪酸が多いので、容易に酸化し異味異臭を発する。赤身魚の扱いには熟練を要したが、原因の究明と対処法の開発が進み、夏のマグロは猫でも跨ぐとの不評が一掃された。船上では尾部切断による失血死と、内蔵や鰓を除去して空気の流れをスムーズにし－60℃の冷気を強く吹き付ける急速冷凍システムが導入された。また、市場では解凍硬直による肉汁の流出を少なくする解凍技術を業者が積極的に導入したからである。

家庭でも凍結マグロを購入する機会が多くなった昨今である。解凍ドリップを少なくする解凍技術を紹介する。食塩を３％程度含んだ40℃程度のぬるま湯を作り、そこへマグロの凍結ブロックを数分間だけ完全に浸ける。取り上げたら直ちに表面の水を丁寧に除いてから裸のままで冷蔵庫の通気がよいところへ置く。小さいブロックだと数時間で解凍するし、大きなブロックでも6時間程度で解凍できる。ぬるま湯に浸けるのは解凍の際に表面にできる氷の膜を作らせないためである。氷や溜まった空気の層は熱伝道が悪いので解凍時間が大幅に伸びてしまう。塩水を使うのは表面が白くなるのを避けるためであるし、解凍した部分では硬直を引き起こす、ATP（アデノシン三リン酸）の分解が始まるが、芯部は凍っているので肉の収縮を緩和し、ドリップの流出が少なくなる。最近の冷蔵庫には解凍室を持つものが市販されているが、表面に氷の皮膜ができていないことの確認と通気が良い状態を保つことが肝要である。

　筋肉は白いし、血合筋も少ないサメやエイなどの板鰓魚類（はんさい）を赤身魚に入れたのは死後のpHの低下やエキス含量が多いからである。ここでも食料化率は日本がトップで、多くの種類のサメやエイを食べている。魚類と同様に、寒流、暖流、深海などに棲む板鰓魚類が近くで入手できるという地理的条件に恵まれていることが最大の理由である。赤道へ近づく程に板鰓類の食用化率が高くなるのは尿素が多くて腐敗細菌の繁殖を防いでいるからである。同様の効果はくさやを作る際の漬け込み汁にもみられ、サメの頭を浸けて汁を活性化させる。エイの食用化率が高いのは北海道であり、カスベと呼び、アイヌ文化と深く結びついている。イヨマンテ、熊祭りはアイヌの重要な儀式であり、そこへアカエイの毒が使われる。襟裳岬に接岸する黒潮は表層を流れるが、その流れに乗ってマカスベも接岸するので、簡単に漁獲できた。アカエイは尻尾の棘から強烈な神経性のたんぱく質毒を発して身を守る。その毒をイヨマンテに用いる熊へ注射すると、熊は動こうとしないで、ひたすらその痛みに耐えているだけだが、トリカブト毒を用いると、暴れたり死んだりして取り扱いが難しかったそうである。山の神にオコゼがなったのは狩猟と関係し、オコゼの数だけイノシシが取れる。矢尻にオコゼの毒を用いると、イノシシは数十メートルで走りを止めて鳴いているだけだそうである。富山県や奈良県で古くから製薬が盛んなのは熊やイノシシの入手と関係する。胆

汁に含まれるデオキシコール酸は万能薬として有名であり、富山が置き薬制度を採ると、奈良はスイカの種をおまけに渡すサービス合戦を繰り広げたそうである。奈良県はスイカ原産地として品種改良が盛んに行われたので、奈良の薬屋さんが良質の種をお客に提供することができた。

　東京名産のはんぺんはサメと山芋で作ることを知る人は少ない。江戸時代から続く老舗のはんぺんを持参しながらそのことを話すと驚きながら食べてくれる。鎖国下でも認められていた品に俵三品があり、フカヒレが含まれていた。東京にも関東以北の取り扱いを認められた業者が在住し、フカヒレだけを集荷していた。余った肉と関東平野で多く産した大和芋を巧みに使った傑作である。

　サバやシイラの刺身はタラの沖汁と同等で、漁獲当日か翌日以内に食べると、どんな魚にも負けない美味しさがある。高知では、マサバは食中り（しょくあた）するとしてゴマサバの刺身だけを珍重して食べ、他県と大いに異なる。また、福井の焼きサバも有名だが、お中元の元祖であったことを知る人は少ない。徳川幕府は反乱を避けるために各藩へ江戸住まいを強いた。福井藩の松平家も多くの家臣を伴って江戸住まいが始まった。福井藩では夏になると昨秋に獲ったサバを立塩で保存し、串焼きにして食べて夏バテを防ぐ習慣があった。この習慣は武家社会にも浸透し、夏になると江戸詰めの武士達は領主や家老のところへ焼きサバを送った。その風習は他藩へも広がり、焼きサバをお中元として贈る習慣が定着したそうである。今日のお中元は夏バテ解消とは無関係になったし、平賀源内の一言で、ウナギも魚になってしまった。ウナギはビタミンAが豊富であり、日焼け防止や視力の回復には効果があるだろうが、疲労回復の速効剤ではなさそうだ。

　脂肪含量が最も多いのが赤身魚であることは先にも述べたが、トロ化したカツオやマグロの刺身が目玉商品として店頭に多く並んでいるのは、日本人の嗜好が明らかに高脂肪食品へ移っていることを物語っている。

　デンマークの産婦人科医、サミュエルソンがノーベル医学生理賞を受賞したのは25年も前のことである。エスキモー人に心筋梗塞が少ないことや鼻血が出ると止まらない人が多いのは食習慣にあり、魚や海獣に多く含まれるイコサペンタエン酸（IPA、古くはEPAと命名した）が原因物質だとするデュエルベルグの報告に注目し、IPAが体内で止血作用が起こらない物質に変化

することを明らかにしたのである。言い換えると、血液がさらさらで固まりにくくなると、心筋梗塞や脳血栓が起こりにくいことを明らかにしたのである。

そのことがトロブームに拍車をかけ、老若男女を問うことなしにトロの握りが最高だという時代を迎えている。狂牛病の発生以来、外国人にもトロ嗜好が芽生えたようで、マグロのトロの握りを食べるためにわざわざ日本へ来る人が多くなっているそうだ。

血合肉はサバを除く赤身魚に多い筋肉であり、広範囲に移動する魚に多いことから持続運動筋とも呼ばれている。ミオグロビンや血液が多く、死後に暗褐色に変色し異臭を発するので食べることが少ない筋肉だが、セレンや鉄など人間の成長に必須の微量元素を多く含んでいる。

ブリ、アジ、トビウオなどの中間身魚は上記の白身魚と赤身魚の中間の特徴を持っている。ブリはかなり広範囲を回遊するので血合肉がそれなりに発達しているが、刺身にする場合に除かれることはない。

魚類に次いで食用の種類が多いのが貝類であり、その数は200を超えている。アワビやサザエはその代表であり、磯の香りも楽しめるが、高価であることが難点だ。伊勢湾のホンミルや富山のオオエッチュウバイを食べてもらいたい。安ければ、晩酌の肴に毎日でも食べたいし、飽きの来ない貝であるとともに日本酒を選ぶ貝でもある。貝が酒を選ぶとはとご立腹されては困る。選ぶのは勿論人間だが、事の次第を丁寧に説明すると、これらの貝の味が舌に残るのは刺身を2・3切れ食べてからであるが、そこで酒を口に含み、飲み込んでしまうと、舌に残った貝の味まで洗い落とす酒とそうでない酒がある。前者の酒はでんぷんだけで創る淡麗辛口という今はやりの酒で、後者はアミノ酸を含み味と酷のある酒のようだ。逆のことだが、ご飯を食べるときにでるお茶で、最後に飲むか途中で飲むべきかについての議論である。祖母から躾けられたことだが、人様の家で食事をご馳走になる時には途中でお茶を飲んではいけないとのことであった。お茶で味を洗い流さないといけないほどに不味い料理を出したと相手を悲しませると教わったことを思い出す。子供の頃に食べた貝を思い出し、市場を訪ねてもらいたい。多くの種類の貝が店頭に並んでおり、美味しく食べる方法を丁寧に教えてくれるはずである。

海藻類も多い。コンブ、ワカメ、ノリ、テングサ、ヒジキなどの他に、最

近では刺身の妻としてトサカノリ、オゴノリ、マツノリなどが脚光を浴び、海藻サラダとしても定着している。甘味があり、コンブと同様にグルタミン酸が味の主成分である。甘いからアマノリの名が付いたのだが、千葉県はその繁殖地であり、かつてはそれで作る羊羹状の食べ物があったそうだが、そこは埋め立てられ、そのような食品は見たことも聞いたこともないと言う人が大半になった。それにしても海藻から分取するアルギン酸で作るイクラは傑作だ。機能性を持つ不飽和脂肪酸やタウリンの他に栄養成分を含ませて高齢者食品にすることも可能である。また、海藻に多いヨードは成長や甲状腺ホルモンの分泌に強く関与するし、褐藻に含まれるフコイダンに静癌作用があることも明らかにされている。

　磯の香りは海藻の匂いでもある。アサクサノリや岩ノリを板状に乾燥させた板のりはあぶる程度に焼くと強い香りを放ち、日本人は好んで食べるが、外国人には受け入れられない匂いであった。だが、アメリカ人も巻き寿司を介して好きになったのか、10トントラック数台分の量の乾燥した板ノリがアメリカへ輸出されており、食べ方の工夫の重要性を痛感する昨今である。

　イカ、タコ、ナマコ、クラゲなど軟体類や棘皮類（きょくひ）なども多く食べている。特に、サキイカは老若男女を問わず、多くの国民が好んで口にする人気食品である。魚肉と食感が異なるのは筋肉の種類が異なるためであり、横紋筋と平滑筋の中間の構造を示す斜紋筋から成っており、横には簡単に裂ける構造である。コレステロールが多いのでイカ料理を多く食べない方がよいとされてきたが、タウリンが多くて排出機能を促進するとしてメタボ予備軍へのお勧め食品になっている。液晶テレビは今流行の電化商品だが、液晶の製造にイカのコレステロールが大きく関与していることを知る人は少ない。

　日本はアイスランドやノールウェーなどとともに哺乳動物である鯨類を多く食べてきた国である。料理のメニューが多いだけでなく、鬚（ひげ）の柔軟性と年輪（1尺）を利用して鯨尺（くじらしゃく）を作り、着物の縫製に大きく貢献し、中国へも輸出された。

（西岡不二男）

3．食の安心・安全と高品質な養殖魚

　文明が高度に発展した今日においても食中毒で死亡する人は跡を絶たないように、人類の歴史は食中毒との戦いの歴史であるといっても過言ではない。そのために、飛行機や客船の操縦に携わる人達が同じ食品を一緒に取ることを国際法で禁じている。操縦不能を避けるためであり、規制の度合いは船よりも飛行機、更に上空を飛ぶ宇宙ステーションの方が強くなっている。宇宙ステーションでの宇宙食は食中毒を絶対に起こさないとの前提で作られている。栄養学と衛生学に基づく食事で、食文化から遠く離れた、自動車の燃料的な色彩が強かったが、最近では長期滞在に備え、食文化を考慮した食品作りが主流になりつつある。薬品やICチップ製造のクリーンルーム、新記録を連発する競泳用の水着や使い捨てのオムツのように、宇宙開発によって生まれた技術が庶民の生活の場へ盛んに取り入れられるようになった。食品製造に取り入れられたのが、宇宙食の製造概念であり、危害分析重要管理点（HACCP）である。だが、国内の多くの食品メーカーは、食品素材は海や土から得たもので、無菌の環境で得たものではないとの考えに基づいて製品作りを行ない、殺菌工程の組み入れや製品検査を実施し、消費者の要求に十分応えているとして、導入に消極的のようだ。しかし、多くの先進国ではこの生産システムを採用し、HACCP認定工場の製品だけを輸入する法律が制定されているとして、厚生労働省や農林水産省は普及の手を緩めないことも確かである。HACCP方式を説明すると以下のようになる。

　食品を製造する会社は社長以下が一丸となり、私どもの会社は食品の安全性に徹した食品会社であると、国内外へ宣言することを第一義とする。そのためには原料や添加物を吟味して汚染を除くとともに、工場内では汚染域と非汚染域を明確に区分し、両域間には殺菌域を置いて細菌の侵入を防ぐとともに人や物の往来を禁止する。危害が発生する可能性が高い工程では、製品の安全性が保たれていることを検証するモニタリングを徹底し、記録を保管する。ハエやネズミなどの侵入を防ぐのは当然であるし、従業員が使う手洗いは別棟とする。製品はロットごとに区分し、危害が発生した際の速やかな回収方法を社員に周知徹底させるもので、従来の製造概念や製造工程を大き

く見直さなければならない。欠点だけが目立つとして導入を渋る会社が多いが、時間の問題であり、消費者から強く求められる日が近く到来すると確信する。中国から輸入される食品は日々多くなり、それに伴って食品の事故も多く発生しているが、その一方で、中国内の裕福層は日本の食品がより安全だとして、日本製品を買い求めているそうだ。経営者はその声を励みとし、更なる安全性の確保、換言すると、HACCPの意義を認め、設備投資への負担もあるが、導入に努めてもらいたい。日本では厚生労働省と農林水産省の指定機関が行う認証制度があり、他の国々でも類似する機関が行っているが、コーデックスのような国際的な統一基準を設定していなので、日本の認証制度は輸入障壁と揶揄されることもある。

　水産加工業でのHACCPの導入状況は他の食品産業に比べて低い。中小零細企業が多いこともその一因であるが、機械化が進まずに、外国人の労働力に委ねる部分が多いためだと推測する。特に機械化が遅れているのは魚体処理機の分野である。技術レベルは世界の水準以上であると評価できるが、価格面で遅れを取っている。缶詰、ねり製品、ホタテ貝加工業でHACCPの導入が見られるのは輸出品を製造しているからであり、国内向けに限定すると、皆無に等しいのが現状である。

　狂牛病は1988年にイギリスで確認された病気である。当時は重度の認知症と判断していたが、衛生医学と分析技術の進歩によって、牛が持つプリオンの感染症であることが判明して以来、プリオンの蓄積が始まる年齢や部位などが、次々に明らかにされた。狂牛病という名前から牛に固有のたんぱく質と思われがちだが、羊では250年も前から知られており、人間への感染はまったくなかったそうである。対岸の火事程度の関心事であったが、2001年に国内でも発症し、輸入の禁止された肉骨粉が野積されている光景を北海道のいたるところで見ることができた。また、起こりえないと自信を持ち、日本への輸入を拡大してきたアメリカ産の牛でも2003年に発症し、輸入禁止措置がとられた。それ以降、日本の畜産農家はあらゆる情報を開示し、消費者の不安を除くために一生懸命になった。そこで生まれたのが牛のトレサビリティー制度である。食肉で市販する牛に関する履歴が11項目にわたって記されている。牛の戸籍謄本に始まって生き様までが記されており、人間であればプライバシーの侵害だとして有罪になるほどの情報量が満載されている。牛

で始まったトレサビリティーだが、あらゆる食品素材に対して、その適用性が試みられた。魚は刺身や寿司にして生で食べることが多く、安全性に関する情報の提供が極めて重要なのだが、牛のような情報の入手は不可能であることが判明した。卵を孵化させて育てる養殖魚は別にして、獲れた魚の戸籍が不明なだけでなく、どこの海を回遊しながらどんな餌を食べて育ったかなどは神でも知ることができないことである。産地の解明ということで、マグロやクジラのDNA解析によって育った海域を精度は低いが判別する研究が行われているが、確かな判別手法が確立したとは聞いていない。また、魚の産地問題だが、北海道沖で千葉県の船が操業し、銚子港で荷揚げすると、その魚は千葉県産とし、世界をまたにして操業するマグロ船が外国の海で漁獲したマグロでも国産としてきた。これらの不適格な表示を解消して産地表示に徹するとし、漁獲した場所を表示する今日の産地表示法が施行されたのである。しかし、水産物の産地偽装問題は流通を複雑にし、巧妙化しながら現在も続いている。ばれなければ億単位の利益が得られるそうだが、安心や安全が得られるのであれば高くても買うという、消費者心理を逆手に取った悪徳商法である。グローバル化時代の歪が食品にも顕著に現れる時代になってしまった。それにしても、事故米の食料化事件はあまりにもひど過ぎるし、農林水産省の杜撰な対応には食料の供給と安全性を国民から付託されているという自尊心を感じ取ることができなかった。

　養殖のブリやマダイが外国へ輸出されるようになったことは、日本の養殖技術が格段に向上したことの証でもある。魚の餌がペレット化するとともに食品を製造しているという考えに基づき、品質の向上に努めたからであろう。しかし、その一方で、養殖のウナギやエビの大半は外国からの輸入が依然として続いており、産地偽装の火種になったりする。日本は島国であり、多くの離島を持っているが、そこでは島離れが深刻な社会問題になっていると聞く。島起こしと食料自給率向上を目指した起爆剤として、ウナギやエビの養殖が始まることを強く期待したい。

(西岡不二男)

4．うま味の発見と味の科学

　人間には5感、即ち、視覚、聴覚、触覚、痛覚、温度感覚が備わっておりその先に第6感が存在すると言われている。味覚と臭覚を化学感覚と呼んで前者と距離を置くのは、鼻や舌、腔内で受け止めた化学物質の電気信号をさまざまな神経を介して大脳の味覚野に伝え、判別するからである。しかし、作家にはその区別が存在しない。フランス料理は鼻で味わえ、中華料理は舌で味わえ、日本料理は目で味わえ、などの名言はいずれも作家の言葉である。作家は感性に富み、あらゆる感覚を駆使して物の味を受け止め、鍛えた豊かな文章力で書き綴るために名言が生まれるのであろう。しかし、科学者には官能検査だけで食べ物の味を評価することは許されないことであり、やってはならないことである。味噌汁の味をお袋の味と呼ぶのは昔に学習した味にノスタルジアを覚えた人間の味覚であるし、嗜好は人それぞれで異なっており、客観性に乏しいとする考えが基本になっているからである。食べ物をずたずたに切り刻み分析装置にかけ、得られた分析結果を前に、まるで金鉱探しのように目を皿にしながら血なまこになって、その特徴を捜し求めるのである。そして、官能検査は参考のためにと、付け足し程度に興味なさそうに行うのである。また、提出する報告書には考察という項目があるが、そこには分析結果に関する他者の結果との相違点が面々と書かれている。味については酸味または苦味に関与する成分であろう程度に留まり、美味い、不味いに関する考察は皆無に等しいのである。ある食品会社に、人気商品を連発することの秘訣を尋ねたことがあった。研究室で開発する新商品の数は年間50品以上に達するが、それから先の選別作業が重要で、プロの料理人にお手伝いいただき、10品以内に絞り込んでいるとの返事である。「研究者だけでは半分にするのが精一杯で、それから先の選別は不可能です。」と付け加えた。

　食べ物の味に関する要素は20個近くあると聞き、驚かれては困る。北大路魯山人が陶芸人として有名になったのもそのためであるし、バックグランドミュージックや照明も味に影響を及ぼすが、中でも重要なのは、基本味と呼ばれる5味である。基本味は西洋と東洋で異なり、西洋は4味であり、東洋は7味であった。即ち、西洋は甘い（砂糖）、鹹い(塩)、酸っぱい（酢）、苦

い（キニーネ）の４味で、他の味はその合成の下に作ることが出来るし、辛いや渋いは細胞の収縮によって生まれる物理的な刺激であり、味覚とは無関係だとした。５番目の味だが、東洋、特に日本人が好むアミノ酸や核酸が発する味は合成味の一つだとして西洋の研究者は譲らなかった。

　明治42年に池田は、日本化学会誌にコンブのだしのおいしさの成分はグルタミン酸の塩であると報告し、この独特の味を「うま味」と命名した。この発見を機にわが国ではイノシン酸など他のうま味成分も発見された。うま味成分を販売する日本のメーカーは10年以上もの歳月をかけて研究し、うま味を感受する部位は脳の味覚野に存在する４味の枠の外側にあることを明らかにした。その業績が認められ、うま味は英語、フランス語、ドイツ語などに置き換えられることなく、ローマ字でumamiと綴り、国際用語になった。このことによって勇気付けられた日本の研究者は、分析技術の向上と相まって、魚介類やその加工品の味および臭い成分の発見や、鮮度と味の関係を明らかにし、「日本味と匂い学会」も設立され活発な研究が行われている。しかし、平成12年、米国のChaudhariのグループがうま味レセプターを発見した。これは、うま味が舌にふれてからどのようにして味として感じられるのかというしくみの解明につながるものであった。うま味についてなかなか理解できなかった米国においてのこの発見は、わが国の味覚研究者にとってセンセーショナルな報告であった。この発見にはラットなどの実験動物を用いた研究が貢献し、動物実験により、さらに多くの味覚レセプターが発見されるなど味覚研究が大きく進展した。水産食品分野においても近年、マウスを用いた味覚研究が行われている。うま味発見から100年、人々はより美味しいものを追求するだけでなく、味覚の仕組みへの解明が次から次へとなされており、研究の発展が続いている。

　多種多様な魚介類の味に関与しているのは何か。味に直接関与しているのはエキス成分である。エキス成分とは魚介肉中の水に溶けやすい成分のうち、タンパク質などの高分子成分を除いたものである。エキス成分にはアミノ酸、イノシン酸などの核酸関連化合物、糖（グリコーゲンなどの高分子の糖類は除く）、有機酸がある。これらの多くが、味を呈し、水産物の呈味に関与している。水産物の呈味に最も関与しているのはアミノ酸である。アミノ酸には甘味（グリシン）、苦味（Ｌ－バリン）、酸味（Ｌ－アスパラギン酸）など

を呈するものがあり、多くのアミノ酸が甘味とうま味などといった2つ以上の味を呈する。L-グルタミン酸は酸味とわずかなうま味を呈するが、そのナトリウム塩であるグルタミン酸ナトリウム（MSG）はうま味を有し、うま味調味料の主成分とされている。次に重要なのはイノシン酸に代表される核酸関連化合物である。魚介類の筋肉中にはATP関連化合物といわれるものが主な核酸関連化合物である。ATPは生きている魚類では筋収縮に直接関与し、死後変化することより、アデノシン一リン酸（AMP）などを経てイノシン酸（IMP）に分解される。この後でも述べるが、多くの魚類ではイノシン酸の分解はATPなどに比べて遅いため筋肉で蓄積され、この時が魚の美味しい時でもある。さらに鮮度が低下するとイノシン酸はイノシンやヒポキサンチンなどの成分に分解される。このように死後変化しさらに鮮度の低下によって変化するため、これらの化合物は鮮度指標として、以下のようにK値として計算され用いられている。イノシン酸はグルタミン酸ナトリウム（MSG）などのうま味成分および一部のアミノ酸の呈味に対して相乗効果をもたらす。ヒトではそれ自身味がなく、唾液中のMSGのうま味に対して相乗効果をもたらすためうま味として感じているという説もあるが、マウスでは味覚神経応答が見られ、呈味を感じているということがわかっている。また、AMPもズワイガニ、ホタテ貝などの呈味に関与しているとの報告がある。しかし、ヒポキサンチンは強い苦味を有し、氷蔵タラ肉の苦味の原因物質であると言われている。有機酸は乳酸や酢酸など酸味に関与する成分であるが、コハク酸のナトリウム塩であるコハク酸ナトリウムはアサリなどのうま味に関与しているといわれている。

　刺身食材といえば、タイ、ヒラメ、スズキなどの白身魚がその代表となっているが、これらは死後硬直中のものが生きがよいとしてきた。これらの魚の味成分に注目して分析すると以下のようになる。体液中に溶けている味成分のグルタミン酸などのアミノ酸は量が少ないので、これらだけが刺身の味に関与するとは考えがたい。次に注目するのが運動や死後硬直に関与するATPである。死後硬直の際、先に述べたようにATPがイノシン酸まで分解され、おいしさが増す。さらにイノシン酸が分解してヒポキサンチンとなり不味くなってくる。この不味成分の割合が先に述べたK値であり、これが20％以内にある魚を「生きが良い」と称して刺身や寿司の食材になる。古く

から伝わる日本料理を見渡すと、イノシン酸を積極的に作る作業が組み込まれた魚料理を多く見ることができる。スズキやコイの洗い、タイの霜降り、カツオのたたきなどの製法がそれである。水やぬるま湯の中をくぐらせたり、激しく燃える稲藁の炎の中をくぐらせる作業があり、いずれもイノシン酸の生成を促進させて、以後の分解が生じないようにする。

　また、刺身に用いる醤油も極めて重要な働きをする。日本の醤油造りの歴史は刺身を美味しく食べるために改良されてきたといっても過言ではない。事実、発祥の地とされる中国の醤油で刺身を食べ比べてみると誰にでもわかることだが、魚の旨味が舌へ伝わってこない。醤油は大豆たんぱく質をアミノ酸レベルに分解した調味料であり、アミノ酸のなかではグルタミン酸が最も多い。塩分が15％と高いのはアスペルギルスオリーゼなどのたんぱく質分解細菌だけを繁殖させ、グルタミン酸を餌にしたりヒスタミンを作る細菌の繁殖を防ぐためである。刺身のイノシン酸と醤油のグルタミン酸が一緒になると味は7倍以上に増幅され、さわやかな旨味を舌が感受する。アミノ酸と核酸の相乗効果であり、シイタケにも同様の効果が生じる。生のシイタケを焼くとグアニル酸が出来るが、醤油をつけて焼くと、味は30倍に増幅され、醤油を付けなかったものとの間に大きな味の差が生じる。

　カツオやマグロなどの醤油漬けも古くから行われていた。マグロの赤身の「づけ」は江戸寿司を有名にした寿司種だが、握りサイズに切ってから1時間ほど醤油に浸け、取り出してから表面の醤油を丁寧にふき取って用いる。生臭みが消えて、マグロの旨味が一段と増してくるので、魚嫌いの人に薦めたい一品である。華屋与兵衛が考案したとされるが、漁師が船上で食べる刺身が起源で、寿司に応用しただけだと考えたい。食事時に魚群が近づけば、食事を中断して漁をするのが普通である。魚群が去れば食事を再開するが、醤油に浸けたままの刺身を食べてみると、浸けない刺身より格段に美味しくなっているので習慣化し、家庭に帰っても同じようにして食べ広まったと考えるのが素直であろう。それにしても、高知や九州で食べたサバの刺身ほど美味いものはないと絶賛したい。北海道や青森ではサバが大量に漁獲されるものの、刺身では食べないで、しめさばで食べるのが一般的である。アニサキスを心配してのことのようだが、温度の低い醤油の中に刺身を1時間も浸ければ、死んで害を及ぼすこともない。寿司種にしたらとひそかに期待している。

第5章　水産食品のすばらしさと魚食文化の展望

　くどいように述べてきたが、うま味とはアミノ酸と核酸が作る繊細で澄んだほのかな甘味であると極言できる。それ故に、日本料理は食事に集中し、静かに、落ち着いた気持ちで味わうことがなければ、見た目だけの料理になってしまう。もちろん、激辛料理や硬水に慣れた舌には通じない味であるが、舌や腔内の味蕾細胞は半月も経てば全てが入れ替わることも付け加えておきたい。
　コンブの甘味がグルタミン酸ソーダであることは日本人の発見である。製品の販売は大正時代に始まったが、高価であったために庶民へは普及せず、もっぱらの顧客は醤油とかまぼこのメーカーであった。グルタミン酸という名前はグルテンに最も多いアミノ酸で、20％以上も含まれることからその名が付いたし、古くはグルテンを酸で分解してから分離精製し、商品にしていた。現在の製法は昭和35年頃に開発された糖を餌とする微生物発酵法である。世界中でグルタミン酸を作る微生物探しが盛んになり、石油酵母もその中の一つであったが、餌となるパラフィンやアクリロニトリルなどの石油産物に発がん性が指摘され、製造を中止した。また、食品添加物法ではグルタミン酸ソーダは化学調味料に区分され、合成品と誤解されやすいので、天然調味料として扱うべきであろう。合成品には天然に存在しないD-グルタミン酸が多くできるし、うま味を呈することもない。うま味は日本人が大切にしてきた味であり、世界中が注目する味だと自負したい。その要となるのがグルタミン酸ソーダであり、日本人が開発した食品添加物である。醤油屋さんが買い求めたのは醤油中のグルタミン酸量を増やして味を強化するためである。かまぼこ屋さんが用いたのは昆布の冷水だし汁を取る手間とアルギン酸の粘りを嫌ったためであり、かまぼこの味を思いのままに調整できるとして珍重したのであろう。
　うま味のことばかりを述べたが、他の４味と魚介類の関係も見なければならない。オーストリアのベケシーという貴族が提唱した味の二元説がある。この説を知ってから、料理の腕が数段増したことを自覚するし、事ある毎に人様へ話している。食べ物の味は甘・酸・苦・鹹の４味の調合と温度によって決まるとする考えである。冷覚、塩味、酸味のグループと温覚、甘味、苦味のグループとの２つに分けると、グループ間は相殺関係があるし、グループ内では拮抗関係がある。分かり易く説明すると、料理が甘すぎたら塩を加えるか冷やして食べたらよいし、ゴーヤなどの苦い食べ物は塩揉みで柔らかく

してから、冷やして酢の物にして食べることで苦味が和らぐ。また、甘い煮物はより高温にしたり、苦味が強い野菜を加えると、甘さと苦さが際立ってくる。

甘味は料理を代表する味であり、甘いは美味いの言葉があるように食欲を増進させる味である。煮魚には必ずといってよいほど砂糖と醤油を使うが、刺身に砂糖を使うことは知らなかった。鹿児島県の刺身醤油には砂糖か蜂蜜を隠し味として加えており、マグロの端肉で作るネギトロも砂糖を加えた醤油で食べると美味しい。魚肉にはうま味があっても甘味はないが、アンコウやカワハギ、フグの肝は甘くて美味しい。特に、猛毒を含むフグの肝で多くの死者が出ていることを知りながら手を出してしまうのは、甘味と酷(コク)の魔力だといえる。甘味物質はグリコーゲンが多いことからその味だとするが、ベタインの甘さを感じることも多い。イカ、タコ、カニなどの軟体類や甲殻類の筋肉が甘いのはグルタミン酸、グリシン、アラニンの甘味アミノ酸の他にベタインも含まれているからだ。余談になるが、冬になると食べたくなる魚はフグ、ブリ、クエ、マグロ、アンコウなど沢山あるが、日本海を代表するズワイガニも冬の味覚である。漁獲は11月以降だが、マグロのトロと変わらない値段で売られている。雄ガニに人気が集中するが、最近は小型の雌ガニも高価になった。ワタリガニや上海ガニの人気にあおられた感もあるが、重量換算すると雄ガニよりも高価になっている。美食家としても有名な開高健氏は冬になると福井を訪れ、コウバク（雌ガニ）どんぶりを朝昼晩と3食続けるだけでなく、食べ飽きるまで連泊して食べ続ける生活を20年近くも続けたそうである。茹でたカニの足、胸肉、内子、外子、カニ味噌のすべてを取り出し、更に肉をほぐしてからすべてを混ぜ合わせ、熱いご飯の上に置くだけのシンプルなどんぶりであるが、贅沢な品であり、開高氏の食道楽振りを垣間見ることができる。築地市場でも売っている、その味を多くの人に知ってもらいたい。

塩サケとタラコは庶民のシンボルであるといっても過言ではない。サケやタラの卵巣に塩をまぶしただけのシンプルな食べ物であるが、塩が噴くほどに焼いた物をおかずにすれば、ご飯を何杯でも食べられるとされてきた。塩は生臭味を消す優れものである。減塩が叫ばれる中で、塩分が極端に減った塩サケだけがスーパーの店頭に並んだことがあった。健康志向の食品を求めたためであったが、支配人に、これではサケのファンを失ってしまうと抗議

第5章　水産食品のすばらしさと魚食文化の展望

したら、辛、中、甘の三種類の塩サケが店頭に並ぶようになった。飛騨ブリの美味さは口にしたことがないので評価できないが、低温流通網が完備された今日でも生産が続いていることから、地元の人達は絶品だと異口同音に述べるに違いない。魚醤は魚のミンチ肉に大量の塩を加え、半年から1年間寝かせて発酵・液状化させた調味料で、イカで作るいしる（石川県）やハタハタで作るしょっつる（秋田県）がある。消化酵素の働きが強い魚で作ると考えたが、外国の例を見るとタイのナンプラーやベトナムのニョクマムのほか、地中海のイタリア、リビア、アルジェリアなどにもあり、使われる魚も多種に及んでいた。味噌・醬油・味醂などの発酵調味料が完成したのは江戸時代であり、味噌とともに醬油も大豆で作るとされたようだ。しかし、古い製法には魚に醬油麹を加えて作ることもあり、そのことを再現する研究が富山県で行われている。赤身の魚にはヒスチジンが多く容易にヒスタミンができてしまう。その機構を解明し、ヒスタミンの生成を抑制する研究が進められている。刺身に合う醬油なので期待したい。また、焼き魚は日本人が最も好む食べ物であるし、塩が必需品でもある。小学校低学年の給食には焼き魚とご飯をふんだんに取り入れ、汗をいっぱいかく骨太の元気な子供を育てる体育優先教育を行い、知育は高学年になってから集中的に行なえばよいと勝手な学校教育方針を描いている。ユエナリスの健全な肉体に健全な精神が宿るや、日本の文武両道の言葉の意味を真剣に模索しなければならない。

　寿司という言葉は酢っぱいと言う言葉から生まれた。温暖で多湿な日本列島では、手を抜くとカビの被害に見舞われてしまう。カビや細菌の繁殖を抑制するためには酢や塩が便利である。肉料理を作る際に使う調味料はサ行の順でと聞いたが、そのことを体験できるのがしめ鯖作りである。砂糖や塩を最初に使い、酢は最後に使うという意味である。三枚に卸したさばに塩をたっぷりとふりかけ、数時間から一昼夜冷蔵庫で寝かせた後、薄めた酢で塩を洗い取り、表皮を剥いでから薄めの酢に漬け、表面が白くなったら取上げて刺身に切る。市販品を時々買うが、安全重視のためか、酢で〆る時間が長く、堅くてパサパサしたしめさばが多い。三枚に卸したサバをスーパーで見かけるので、家庭で作ることを奨励したい一品である。大型のコノシロやボラを多くの港で見かけるが、猫またぎと称して食べようとしない。食べることを勧めると、「猫でも食べないものを食べるほど困っておりません。」と怒った

137

ように答える。間髪をいれずに、「猫は絶対に食べないフグを食べませんか？」と問い返すと、「美味しい食べ方があれば」と聞き返してくるので、しめさばやコハダの作り方を教える。手間隙のかかる料理を嫌う漁師のこと、一度口にしてくれたらと願うのみである。余談だが、エジプト原産の果実でミラクルフルーツがある。日本でも栽培する人があるようだが、その実を食べた後で酸っぱいレモンや酢の物を食べても、甘い物を食べていると感じるそうだ。酢味の強い食品を苦手とするから言うのではないが、試食できることを切望する一人でもある。

　サンノジやタカノハダイなどの磯魚は胆汁ほどの苦味ではないが、わずかな苦味を感じ、食べにくい魚である。特に、焼き魚で食べると更に強くなるが、青い松葉で焼くと薄らぐ。胆汁の苦味は強く、百倍に薄めても強いが酷に変身する。味噌汁の下味には出汁ジャコが必須であり、頭と腹部を取り除いて出汁をとるが、数匹をそのままで加えてとった出汁は、野菜を多く加えても負けることはない。野菜と呼びかえたのは蔬菜や芥が粗末な食べ物を意味するからであるし、味を薄める具になるからである。また、出汁ジャコにエキスの多いイワシやサバなどの赤身魚を使うのは、味噌も大豆の分解物であり、旨味の相乗効果を求めた汁物で、庶民の知恵が生んだ傑作だと評価できる。ウニはとろけるようなうま味があり、特に、コンブを餌にしている利尻産のウニは人気が高いが、苦いウニが多い県もある。苦味成分は解明されたが、餌由来か否かが不明のようだ。コンブを餌にすれば味も変わってくるのではないだろうか。

　魚の臭いは世界の多くの国々の人達に嫌われているようだ。イギリスに出かけることがあった。魚市場はロンドンブリッジの近くにあると聞いたので、大枚を叩いて近くに宿をとり、フロントでその道順を尋ねると、昨年末にドックエリアへ移転したとのことであった。街の中で悪臭を出し、観光妨害になっていることがその理由のようである。タクシーで行ったが、建物の数百メートル手前で止まり、これから先は歩いていけと言って前へ進まない。タクシーに臭いが移り、お客に不愉快な思いをさせるし、乗ってくれなくなるのでと言うのである。市場に近づくと、昔の漁師町の臭いが漂ってきて郷愁を感じたが、魚を見渡して、日本の魚の鮮度管理とは20年近くの差があることを実感した。以来、外国の研究者が来ると、午後の3時頃に築地市場へ下

見に行き、明朝は人ごみで見失うかも知れないので、その場合は8時頃にここへ集まることと集合場所を決めて帰ってくる。本当に日本一の魚市場かと疑うので、その理由を尋ねると、魚の臭いがしないと言い、扱う量が少なくて掃除ばかりをしているからだと勝手な憶測を述べてくれる。翌朝6時に行ってマグロの競りと近海物の競りを見学した。津軽海峡付近で取れた150キロ近くのマグロがあったので、2・3百万円くらいの値段になると言うと驚き、写真を撮りたいというので、仕事の邪魔にならない範囲であれば叱られないと話す。7時を過ぎると、隣接する中卸の店、場内市場は人波で混み始めるが、店頭に並ぶ魚を見せるために出向くと、彼らは魚の種類と量の多さに圧倒されながら、黙々と写真を撮り続けるのである。8時半頃に見学を終え、場内での魚料理を食べてから研究所へ戻り、コーヒーを飲みながら感想を聞く。魚の加工を勉強するために日本へきたが、その前に魚の鮮度管理の大切さを痛感したので、そこから勉強したいと言うのである。

　魚の体表はミユカスと呼ぶ「ぬめり成分」で覆われており、細菌の進入や虫の寄生を防いでいると考えられている。成分は糖たんぱく質であり、乾燥するにつれてアミン系の生臭臭（なまぐさしゅう）を発するようになるし、血液や海藻由来のイオウ系の重たい臭いが一緒になって漁師町や市場の臭いを作るのである。

　日本では魚を生で食べることが普通になっている点で外国と大きく異なっており、魚介類の低温管理が徹底している。生体内での化学反応は温度の関数であり、$10^{2～3}$と考えるのが普通である。温度が10℃高くなると、その反応速度は2倍から3倍の速さで進行するという意味で、付着する有害細菌の繁殖についても同じことが考えられる。ビブリオ中毒がそれで、魚の低温管理が徹底するようになってから市場の生臭臭も少なくなった。

　悪臭ばかりを述べてきたが、日本人が香ばしいとして好む匂いに、乾燥した岩ノリやアサクサノリを焼いたり、干しするめを焼いたりした時の匂いがある。研究者に成分を尋ねると、悪臭成分に到達することが多いと聞く。カニやエビを焼いたときの匂い成分はジメチルサルファイドという悪臭に到達するが、それを千倍近くに薄めるとカニやエビの香ばしい匂いに変化するそうであり、匂いのマジックといえる。

　旬の話になるが、日本の四季は明確に存在し、季節ごとに野菜の成長が異なっており、最も成長がよい時期のことを旬と呼ぶようになった。ハウス栽

培の出現でその考えは薄れてきたが、露地栽培で生産する野菜の数は多い。魚の場合も、沿岸で多く漁獲される時期を旬としてきたが、旬の魚の分析が進んでからは見解が統一されるようになってきた。魚の卵を珍重するのは日本固有の食文化であり、鳥の卵は食べても魚の卵を食べる国民はめったにいない。

　秋サケとは産卵のために生まれ故郷の河川へ向けて群れで海岸に近づいてくるサケのことである。旬のサケとも呼んでいたが、ベーリング海でのサケ漁が盛んになってから以降は一変し、「ほっちゃれ」と呼ばれるようになってしまった。筋子とイクラだけを求め、魚体はほっちゃれと呼ぶごとくに廃棄されてしまうのである。魚も他の動物と同様で、産卵を前にして脂肪やアミノ酸を筋肉に多く溜め込む時期がある。そのときの魚体は最も美味であり、多くの魚で適合することから、その頃を魚の旬と呼ぶようになった。数か月間の時間をかけて卵巣は成熟するが、体内に蓄積した栄養分だけでも足りないときは自分の体を分解して卵への栄養分とするためにやせ細ってしまうのである。多くの魚は年に1回の産卵であるが、カタクチイワシやホッケは条件がよいと、年に2回産卵を行うそうであり、旬も2回あるといえる。脂肪が多くなると美味しさは倍加するが、その理由は油があんかけと同じ働きをし、味成分を長時間、舌に留めておくために、脳は美味しさが増したと判断するためだ。また、ブリを漢字では鰤と書き、師走に旬があるとの意味だが、その頃に取れるブリの脂肪含量は地域で異なり、北陸沖では20%前後だが、九州沖では10%近くに半減している。しかし、それぞれの地域では旬と呼び、魚にあった料理法が創造され、正月料理に欠かせない一品になっている。

　このように脂（油）は間接的に美味しさに関与し、それ自体は味がないといわれていた。しかし、マグロのトロが赤身よりも美味しく感じたり、脂肪含量の高い旬のサンマや戻りカツオが美味しく感じられることから、脂肪が何らかの形で水産食品の味に影響を及ぼしていると考えられてきた。

　近年、メバチ由来のマグロ油とエキスから調製したエマルジョンを用いて後味、甘味、うま味が増強され、先味、苦味、酸味が低下することが報告されている。また、DHAが苦味を抑制する効果があることなど味覚生理学的な研究報告もある。脂肪酸の味についても、近年、脂肪酸が味覚として認識される可能性が示すような研究報告がある。

　魚介類が旬に美味となるのは、筋肉中の脂肪が増えて水分が減り、水分に

第5章　水産食品のすばらしさと魚食文化の展望

溶けているエキス成分が濃縮されるためという説がある。また、グリコーゲンそのものは味がないが呈味増強効果があり、旬に増えるから美味しくなるという説もある。また、マボヤでは旬の時期である初夏から初秋にかけ呈味成分である大部分の遊離アミノ酸やヌクレオチドが増えるという報告や、クルマエビは旬の冬に甘味やうま味を有するアミノ酸であるグリシンが多量に蓄積されるという報告があるなど、呈味成分そのものの蓄積も旬に美味になる理由とされる。しかし、旬と呈味成分量との関係についてはまだ十分な研究が行われていない。

　旬が産卵期前でない例もあり、ウニがその代表例である。ウニの食用部分は生殖巣であるが、食用として適するのは卵や精子が形成され始める（配偶子形成開始）前～成長期（卵、精子が形成されるが、まだ生殖巣に満たされていない状態）である。産卵期直前では卵、精子が生殖巣に充満し、刺激とともに放卵、放精する状態で、身崩れを起こしやすく、見栄えも悪く、味も劣る。とくにバフンウニとアカウニは、配偶子形成開始後、卵巣に苦味成分が蓄積するため、いわゆる旬は配偶子形成直前となり、それ以降は食用とならない。ウニはもっとも美味な食材の一つであるが、可食部である生殖巣の味は独特な美味しさをもつため、食品化学、味覚生理学の研究者にとっては興味深い研究材料でもある。

　ウニといえば刺身やすしネタを思い浮かべるが、他の水産物同様、各地域独自の加工品もある。ウニは生ウニも加工品も高価なものであるが、歴史的にも地方の藩主や幕府などの献上品とされていたものも多い。下関ウニは加工品としてよく知られるウニ塩辛の1つである。これは、文化・文政のころから、長府藩主への献上品とされていた。当時は塩だけの添加であったが、明治22年頃に長期保存のために六連島西教寺（下関市）の蓬山和尚が焼酎を入れることを考案し、その後、焼酎に替わってアルコール（食用エタノール）が使用されるようになった。一方、ウニに塩を添加し、水分を浸出させて十分除去し、保存性を高めたものに越前ウニがある。このウニは肥前のカラスミ、知多のコノワタと並び、日本の3大珍味とされており、現在でも50～100ｇ入りで数万円と高価な加工品である。越前ウニは、歴史的には建長6年（1254）に松平秀康が越前（現在の福井県）に入国した頃にはすでにあったと伝えられているほど古い。原料はバフンウニが主で、このウニはキタム

ラサキウニなどに比べて小型であるが、生殖巣がきれいなオレンジ色で味が濃厚である。東北地方の伝統的なウニ加工品ではウニ貝焼がある。これは主にキタムラサキウニが用いられ、生殖巣をアワビ、ホッキガイ、ハマグリなどの貝殻に盛って蒸し焼きにしたものである。なかでも福島県のいわき地方のウニ貝焼は徳川時代末期から将軍家への献上品とされていたことが江名漁業史にも記載されている。

　現在、加工用ウニ原料も含め国内のウニ流通量の6割以上が輸入品である。冷蔵輸送技術の発達により、当初のウニ輸入国のチリに加え、北米、ロシアなどからの輸入も増え、さらに他の諸外国でも日本向けウニの養殖の研究に関心が高まっている。　　　　　　　　　　　　　　（村田裕子、西岡不二男）

5．東京湾の主要漁業と内湾漁場の再生

　世界の代表的な内湾（内海を含む）の単位面積当たりの漁獲量をみると、日本の内湾は世界的に生産量が多い。例えば、瀬戸内海の単位面積当たりの漁獲量は、ヨーロッパにあるバルト海の3倍、地中海の25倍である。

　瀬戸内海の東部に位置する大阪湾は古くからさまざまな漁業が発達しており、日本の沿岸漁業の発祥地である。徳川家康が摂津国佃村（つくだむら）（現在の大阪市西淀川）等の漁師を江戸に呼び、現在の東京都中央区佃島に住まわせたことは既に述べた。当時の佃島村の漁師は江戸の漁師よりも漁獲方法が優れ、大網と称される漁具を使用していた。ここに、江戸前の漁業が発達した。

　東京湾は、漁業生産力が高く魚介類の種類が豊富であるため、日本の魚食文化の形成に大きな影響を与えた。ここでは、戦後の東京湾の環境の変化に伴う江戸前の魚介類利用の変化について述べる。戦後の東京湾は、昭和30年代から埋立が始まった。東京都では、昭和37年に漁業権が、昭和43年に知事許可漁業が全て消滅し、埋立が計画通り完了したため、あなご筒などの自由漁業が一部で行われているにすぎない。

　一方、神奈川県と千葉県では、埋立予定海域の全面的な漁業補償交渉が昭和40年代半ばに決着したが、埋立工事が第一次オイルショックに直面したため、埋立計画の一部見直し（縮小）が図られたところがあった。その当時、

第 5 章　水産食品のすばらしさと魚食文化の展望

　東京湾は、油の流出や産業廃棄物投棄などにより海の汚染が深刻化し、一時期「死の海」といわれ、東京湾からすべての漁業が完全に消滅すると思われたほどであった。しかし、本州製紙江戸川工場の産業廃水流出に対する浦安漁民の反対闘争をきっかけに、昭和33年に制定された旧水質二法（水質保全法と工場排水規制法）や、昭和45年に制定された水質汚濁防止法による水質規制の強化により、東京湾の水質に改善の兆しが見られるようになった。また、千葉・神奈川両県における漁業補償後の漁業者の転業は、第一次オイルショック後の景気の低迷により漁業者の他産業への就職が順調に進まなくなった。このため、漁業者の中には転業できず、底びき網などの漁業に残留する人が増加した。

　東京湾の環境の変化に伴う魚介類の漁獲量の推移をみると、魚類はそれほど顕著な変化を示していないが、甲殻類と貝類はいずれも大幅に減少した。東京湾の魚類の漁獲量は、昭和59年には資源変動の大きなマイワシの比率が高く、約4万1千トンのピークであったが、平成以降、外洋性のマイワシが減少したため1～2万トンで推移している。

　甲殻類では、かつて、クルマエビ、ガザミ、シャコなどが多獲されていた。このうち、クルマエビは生活史の一時期に干潟の存在が不可欠であるため干潟の消失とともに大幅に漁獲量を減らした。一方、シャコは、江戸時代にはあまり利用されていなかったが、明治末頃から寿司ネタとして利用されるようになった。東京湾のシャコは、当初、横浜市子安地区の底びき網漁業者が「釜ゆでシャコ」を出荷していたが、子安地先が埋立のため底びき網漁業が昭和46年に全船廃業したため、代わって横浜市柴地区の底びき網漁業者が「釜ゆでシャコ」を出荷するようになった。神奈川県のシャコ漁獲量は、昭和40年前後には400～800トンが漁獲されその後一時減少したが、昭和60年代には1,000トンに増加し現在は再び減少している。このため、神奈川県ではシャコの稚魚を保護するための資源回復計画を平成19年度から実施している。

　貝類は、昭和30年頃まで、広大な干潟とそれに続く水深5m以浅の場所でハマグリ、アサリ、バカガイ、シオフキなどが多獲されたが、その後の相次ぐ埋立により、天然干潟は湾奥部にある千葉県三番瀬、湾中部にある千葉県盤洲及び富津沿岸を残すのみになった。貝類漁獲量は、昭和35年には10万トンであったが、平成10年には1万トンに減少し、現在漁獲される貝類は、干

潟に生息するアサリが漁獲量の過半を占めている。かつて、江戸前を代表していたハマグリは、底質の変化に敏感で清浄な砂地を好んでおり、1970年代の埋め立てによる生息漁場の喪失と水質の富栄養化により激減した。一方、砂泥質の干潟で生息するアサリは、富栄養化に伴う植物プランクトン（餌）の増加などにより資源がある程度維持されている。かつて、水深5～10m以上の深い場所では、アカガイ、トリガイ、タイラギ、ミルクイなどが大量に漁獲されていたが、昭和40年代になって、夏期に貧酸素水塊が発生して大量に斃死したため、これらの漁獲量が減少した。貧酸素水塊とは、富栄養化によって異常繁殖したプランクトンが死滅し、その死骸が沈んだ海底で有機物の分解が進行して溶存酸素の量が低下した水塊である。酸素レベルが落ちると、泳げる魚などは他の場所へ移動するが、移動能力のない貝類は斃死してしまう。近年貧酸素水塊の規模が拡大傾向にある。また、硫化水素を大量に含んだ貧酸素水塊が上昇し、表層で酸化され海水が白濁化する現象である苦潮の発生により、5m以浅に分布するアサリが死滅している。

　ノリ養殖は、着業者がピーク時の1万5千経営体程度から5百経営体に減少したが、戦前から続いていた支柱式養殖に加えて、浮流しや冷凍網の技術開発により、東京湾全体の生産量はあまり変わっていない。

　現在の東京湾において比較的元気な漁業がアナゴ漁業である。東京湾のアナゴ漁業は、昭和30年代には底びき網漁法と延縄漁法により行われていたが、昭和40年代になって筒漁法が導入されるようになると、延縄漁法はすべて筒漁法に転換した。東京湾のアナゴ漁獲量は筒漁法の導入により増加し、平成4年には1,500トンのピークになった。漁業権を放棄して転業を迫られながらも、海を捨てきれないでいた残留漁業者にとって、あなご筒漁業は自由漁業であるため、海で生活できる救世主的な漁業である。マアナゴは産卵場所が解明されていないが、ふ化後に、透明で平たい形をした葉形仔魚になって黒潮に乗って3～4月にかけて東京湾にたどり着くと考えられる。東京湾は餌が豊富にあるため、東京湾に入った葉形仔魚は栄養を蓄積し変態を開始してアナゴの形になり、翌年の梅雨時には約40cmとなり一番おいしいといわれる大きさになる。千葉県、東京都、神奈川県のあなご筒漁業者は協力して小さなマアナゴを漁獲しないよう資源管理に取り組んでいる。

　江戸前の漁業は、東京湾の浅場環境の改変により、かつての主要な漁獲対

象種が減少し漁村地域が大きく変貌した。しかし、江戸前の魚は、首都圏の人々に嗜好され市場価値が高い。江戸前の漁業は、漁場環境が悪化しているにもかかわらず、その環境に適応した魚種を対象に新たな漁法や養殖方法を取り入れながら若者の漁業への参入も比較的多い中で続けられている。

平成12年前後から、内湾域の環境保全の高まりに伴い、循環型社会形成推進基本法（平成12年制定）や自然再生推進法（平成14年制定）が制定され、陸域から大量に流入するリン、窒素を大量に回収できる干潟や漁業活動の重要性が認識されるようになった。そして、平成14年には東京湾再生推進会議が設置され、埋立によって失われた浅海域の機能を少しでも回復させるために人工干潟を造成する取り組みが行われている。

東京湾では、毎年夏期になると、水産生物が生息できない貧酸素水塊が発生し、水質総量規制によりリンや窒素の総量を削減するために、東京湾の各地で下水処理施設が整備され、海域における汚濁負荷が軽減された。しかし、下水処理後の放流水は人為的に改変された水質であるため、「きれいな海」にはなったが、森林の腐葉土を含む栄養塩の豊富な自然河川水とは異なり、植物プランクトン、動物プランクトン、魚介類の栄養バランスの良い「豊かな海」ではなくなりつつある。そもそも、アサリなどの二枚貝は海水中の植物プランクトンなどの有機物を体内にとり入れてろ過しているので、水中の透明度を高めるバイオフィルターとしての機能を有している。また、漁業はアサリを海から回収することによりリンや窒素などを水中から取り除く機能を果たしており、貝類の漁獲が下水処理場と同じ水質浄化機能を有している。東京湾の再生事業においては、貧酸素水塊の発生原因であるリンと窒素の回収について、現在行われている高コスト型の高次下水処理施設の整備を優先する「水質管理」の考え方から、人工干潟造成や漁業生産活動を優先する「生態系管理」の考え方に転換することが望ましい。　　　　　　　（松浦勉）

6．急速に進む魚離れと都市漁村交流を通した食育活動

近年、諸外国では水産物の需要が増加している中、日本では逆に「魚離れ」が進んでいる。「国民健康・栄養調査（厚生労働省）」により、平成7年から

16年までの年齢階級別に1人1日当たりの魚介類・肉類の摂取量の変化をみると、すべての年齢階級で、肉類が総じて横ばいの中、魚介類は減少している。7年は30代で肉類と魚介類がほぼ同量、40代以上では肉類より魚類を多く摂取していた。しかし、16年では30代の肉類の摂取量が魚介類の摂取量を上回り、20代と同様の傾向を示しているほか、40代でも魚介類と肉類の摂取量が逆転、50代以上でも魚介類が大きく減少している。その結果、全体でも魚介類と肉類がほぼ同量となっており、この9年間でかつて見られなかったほどの「魚離れ」が顕在化している（水産白書（平成19年度版））。

 世帯員1人1年当たりの生鮮魚介類購入量の変化は、魚種によっても違いがある。例えば、イカは若い世代の減少が顕著である。塩サケもすべての年齢階級で減少しているが、これとは対照的に、生鮮サケはすべての年齢階級で大きく伸びている。

 近年、日本では栄養バランスが偏ったり不規則な食事が増えているほか、食に関する感謝の念や伝統ある優れた食文化が失われつつある。このような状況に対し、国民運動として食育を推進することにより、国民が生涯にわたって健全な心身を培い豊かな人間性を育むため、「食育基本法」が平成17年に制定された。食育教育を行うことにより、子ども達が魚食の魅力を知り、食べ物を大切にする心を育むことも期待される。地場でとれた水産物や、利用度の低い水産物を使って新たなメニューを提供したり、廃棄・食べ残しを減らすなど資源の有効利用を図る地域が増えている。子どもの頃身に付いた食習慣は、大人になってからも影響を与えることを考えると、子どもの成長にあわせて食育を推進することが大事である。

 現在30～40歳代の親は、子供時代に自然を相手にした遊びをあまりやらなくなった世代である。その当時から、漁業や農業における兼業化や他業種への転換が進み、子供が漁労作業や農作業を手伝うことが少なくなった。自然体験を経験しないで育った親は、子供に自然を体験させることが少ない。このため、今後、子どもの感性を磨かせるために、親を介せず、直接子どもに自然を体験させることも必要である。

 子供に漁業を体験させるイベントの1つが、「浜のかあさんと語ろう会」である。漁業や魚食文化を考える市民団体「ウーマンズフォーラム魚（WFF）」は、今後の食生活を支える子供たちに海とのつながりを学んでも

らうための地道な活動を長年行っている。「浜のかあさんと語ろう会」では、毎年、都会の小学生が漁村のお母さんから「海と魚」について学んでいる。平成17年には、北海道からマコガレイ、富山県からベニズワイガニ、宮城県からサンマを携えてきた「浜のかあさん」が都会の小中学生と一緒に浜の自慢料理を作り、それを皆で味わいながら語り合っている。著者も、平成11年に山口県のふぐ延縄漁業者の叔父夫婦と一緒に、都内世田谷区の中学校にて「浜のかあさんと語ろう会」に参加して、フグの味噌汁と唐揚げをご馳走になった。中学生でも、真剣に包丁を握って料理をしている時には包丁で怪我をすることがほとんどないと聞かされた。

徳島県海陽町海部地区の「海部」という地名は、全国に何か所かみられるが、漁労を主体とする海人の集落という意味があり、海部町の人々は海人の末裔である。しかし、最近の海部地区の子供たちは海や漁業と接点のない子がほとんどであり、海人の末裔が都会の子供や山の子供とほとんど変わらなくなったといわれている。

日本では女性の社会進出が増大しているが、家庭内における食事づくりは依然、その大部分を女性が担っている状況にある。水産物の消費は、家庭内での調理から、調理食品や外食に比重が移ってきている。主婦がラウンドの魚を購入した場合に苦労するのが前処理である。魚介類を購入しやすくするためには、前処理が終わった形態である刺身や切り身などが購入の主体になる。水産物を購入する際には、調理に時間・手間がかからないことが重要なポイントである。しかし一方で、建築家の安藤忠雄氏は、「日本人が魚を加工品で食べるようになると、日本の特技である「もの作り」の発想が弱くなる。魚をラウンドから料理することによってもの作りの発想が良くなる。」と指摘しておられた。

日本人は、多様な魚種、旬を大事にする季節性、近くで獲れた高鮮度なものを食する地域性により、感性を磨いてきた。魚は、季節ごとに美味しさが異なるので季節により料理方法が異なり、漁獲量の変動などによっても価格が変化することを学んできた。しかし、水産物における、いわゆる「四定条件（定量、定質、定価、定時）」が定着したことにより、水産物を購入する主要な基準が価格になってしまった。ロットの揃う一部の魚種しか店頭に並ばなくなり、水産物の種類も少なく季節感の乏しいものになった。日本人は、

季節性、高鮮度、地域性のある多様な水産物を食べる機会が少なくなり、これまで培ってきた感性が壊されつつあるのではないかと危惧される。現在の日本人は感性の衰えとともに、世代間の水産物消費量に落差が生じ、若い人ほど水産物消費量が少なくなっている。日本の漁業は水産物消費量の減少と魚価の低迷により儲かりにくいものになってしまった。

　今後、日本国内の水産物消費量を回復させるためには、まず、人口構成比率が高い都市住民に、より多くの水産物を食べてもらう必要がある。国内の水産物消費量が減少している一因は、都市住民と漁村住民の交流が少ないことがあげられる。都市住民は瀬戸内海、伊勢湾、東京湾に集中している。例えば、瀬戸内海は、漁場に恵まれて都会で生活している漁業者が多い。これらの漁業者の中には、近くの魚屋やレストランなどへ漁獲物を直接販売する人もみられる。地産地消の典型である。都市部における直接販売は、流通コストがかからず、漁業者の収入が多くなるので、瀬戸内海の漁村では全国平均に比べて若い漁業者の比率が高い。また、直接販売では、スーパーマーケットで売ることができない雑魚も売ることもできるので、瀬戸内海では消費者が食べる魚介類の種類が多いのが特徴である。

　このうち、大阪湾湾奥でも海岸の人工護岸化や埋立てが進み、多くの漁業者が廃業していったが、産業開発や都市開発が徐々に進められたため、主要漁業が廃れることがなかった。大阪市や堺市に漁業者が住み、小型底びき網や機船船びき網（バッチ網）など主要漁業を営んでいる。漁業者がいるところには漁協がある。大阪湾の漁協では、四定条件とは異なる水産物流通システムである直接販売の他に、青空市場が頻繁に開催されている。漁業者が漁獲した水産物を販売する青空市場を通した、漁業者と消費者との交流が継続されている。大阪湾湾奥には、タチウオやイワシ・サバが来遊するので都市住民が岸壁から釣りを行う光景も良く見られ、漁業者と消費者との距離が近い。日本の沿岸漁業の発祥地である大阪湾湾奥のありようが、今後の日本の内湾漁業に大きな影響を与えることが期待される。

　漁村住民と都市住民が積極的な交流を行い、魚食文化を伝えて魚食を普及することが、日本の水産物消費量の増加に役立つことを期待したい。

（松浦勉）

7．水産物争奪時代における東アジア流通圏の形成

　日中韓の3か国は仏教の影響を受けたため、多かれ少なかれ殺生禁断的な食生活を行った歴史がある。日本は四方を海に囲まれた細長い列島であったため、長野県のような内陸部にもブリ街道やサバ街道をつくって海産物を運んだため、獣類を食べることを忌避する慣習が江戸時代まで続いた。一方、中国と韓国では内陸部が海岸線から相当離れているので、日本のように海産物を運ぶための街道が発達しにくかったようである。そして、その後中国と韓国は騎馬民族の侵略により畜肉の消費量が増え、殺生禁断的な思想が廃たれてしまった。しかし、中国と韓国では、地理的に水産物生産のポテンシャルが大きいことの他に、魚食民族である日本人が健康で寿命が長いことも、再び水産物消費量が増加した要因と思われる。

　日本は、古来から自給し得る動物性タンパク質源が水産物しかなかったという背景もあり、自国の動物性タンパク質源確保のため、明治時代から世界に先駆けて水産物に目を向け、ごく近年まで世界中から水産物を買い集めてきた。しかし、昭和61年に英国で発見された狂牛病やその後の鳥インフルエンザウイルスの人への感染が危惧される事態が発生して以来、世界は、安全な動物性タンパク質源を求め、哺乳類とは種の異なる水産物に注目することになった。食料資源争奪に火をつけたのは狂牛病問題の発生であるが、人口の増加、経済の発展がいずれは争奪の引き金を引くだろうことは予測されていた。

　日本国内で養殖するブリ類、マダイなどの魚類は、いずれも魚食性でありフィッシュミールを必要としている。日本では、今のところ、ナマズやティラピアのような餌料効率の高い養殖魚種がみられない。日本は、水産物輸入において、既に買い負けが発生しており、今後、水産物の輸入が困難になる時代がくることが予想される。世界の水産物の需要はどうなるのか、日本における水産物確保がどうなるのか、が心配されるようになってきた。食料資源は世界の中でも偏在しているが、日本は幸運にも、漁業生産力が高い排他的経済水域を有している。我が国の周辺水域は、イワシ・アジ・サバ・サンマなどの小型浮魚の潜在的資源量が極めて多いので、これらの漁業資源を有

効に利用すべきである。

　日本は、欧米や中国・韓国に比べて赤身魚の消費量が多い。赤身魚は、白身魚よりも腐敗が早いので、コールドチェーンのインフラが整備されないと、消費しにくいという面があった。そして、日本は、鮮度保持の技術開発によって赤身魚の賞味時間を長くすることに成功した。日本では、赤身魚の消費パターンが、マグロなど価格の高い大型魚と、イワシ・サバ・サンマなど価格の安い小型魚に二極化されている。しかし、資源量が膨大なこれら小型魚種は、これまでは養殖用餌料やフィッシュミールとして利用されるものが多く、食用としての利用量が少なかった。日本は、これら小型魚種の食用としての利用を増やしていく必要がある。最近では、サンマの刺身としての需要が増加しており、これら魚種の食用化の増加は、日本の食用魚介類の自給率の向上に役立つ。

　東アジアにおける水産物貿易は、従来、中韓両国から日本への輸出が主体であった。しかし、2000年代になると、中韓両国では、国内の水産物消費が増加するようになり、その不足分を海外からの輸入により補完するようになった。このような中韓両国の水産物貿易の変化をとらえ、日本としては、水産物を中韓両国へ積極的に輸出するようになった。日本が韓国へ輸出する水産物は、その多くが韓国国内で消費されているが、中国へ輸出する水産物は、中国国内で高次加工された後に欧米や日本へ輸出されるものが多かった。最近の中国輸出業者の話によると、中国国内での水産物需要の増加により、これまで輸出していた水産物のうち国内消費に向けられる量が増えているようである。また、日本産サバも国内消費用として中国へ大量に輸出されている。日中韓3か国が相互に水産物貿易を活発化させ、各国の水産物需給の動向にあわせて貿易が行われるようになると、世界的な食料資源争奪時代において、日本の安定的な水産物確保にも役立つ。

　また、日本のフードマイレージ（輸出相手国別食料輸入量×輸出国から輸入国までの輸送距離）は、約9,000億トン・キロメートル（2001年農林水産政策研究所の試算）で、国内の貨物輸送量に匹敵して世界で1番多く、韓国は世界で2番目であるといわれている。日本は、水産物の輸出入先を東アジアなど近隣諸国にシフトすれば、水産物のフードマイレージを減らすことに貢献できる。

（松浦勉）

魚食文化年表

　身土不二は普度という中国のお坊さんが読んだお経の題目で、体が成長するときにはそこの風土に強く影響されながら育つものであり、別々に存在することは出来ないという意味である。脱亜入欧を標榜した明治政府は日本人の体格がみすぼらしいとして、肉食と椅子での生活を奨励しようとしたが、漢方医の西端学は前述の言葉を引用して食べ物論争に終止符を打った。

　島国日本は資源に恵まれなかったが、好漁場に位置していたので魚介類にだけは恵まれ、魚食文化が育つ風土にあった。しかし埋立等により、豊かであった沿岸海域での生産量は年々少なくなり、内湾で豊富にとれるスズキ、クロダイ、ボラなどは、一部の海域で水質悪化の影響を受けている。

　年表は漁業や加工食品に関係する事を中心に抜粋したが、食文化という視点で、調味料等の他に水産教育・研究、天災・戦争などの関係する事項も書き添えてみた。

時代区分	年号	西暦年	魚食文化に関する項目
旧石器時代		今から1万3千年前	漁労が行われたことを示す遺物は出土していない。
縄文時代			縄文時代早期の夏島貝塚（神奈川県）から、ボラ、クロダイ、スズキ、マグロ、シジミなど魚類の骨や貝類の殻が見つかる。
			縄文時代早期の遺跡から、魚網の錘と見られる土錘・石錘が見つかった。
			縄文時代中期の三内丸山遺跡（青森県）から、サバやブリ、カツオなど50種類以上の魚類の骨が見つかった。製塩土器が出現する。
			縄文時代後期の岩手県雫石川周辺の遺跡から、エリ漁に用いたと思われる簾立ての跡がみつかった。
弥生時代		紀元前3世紀	前代に引き続き、各地で貝塚がいとなまれる。縄文時代の漁労技術は基本的に引きつがれた。
			弥生時代前期には筌（ウケ）を用いた漁が行われていた。
			大阪湾沿岸から、弥生時代のイイダコ漁に使われる壺が多数見つかった。
			壱岐（長崎県）の唐神貝塚、原の辻遺跡で鯨骨製のアワビおこしが見つかった。潜水漁が行われていた。
古墳時代		紀元3世紀後半	前方後円墳の副葬品の中に、鉄製の釣針・ヤス・銛などの漁具が見られた。
		3世紀後半	『古事記』『日本書紀』によれば、応神天皇は操船技術や漁業によって朝廷に奉仕する海部を設けた。
		5世紀後半	河内（大阪）や大和（奈良）に市が発生した。魚介類の取引も行われていたと考えられる。
飛鳥時代		6656年	『隋書倭国伝』に、日本人が鵜飼を行っていたことが記された。
奈良時代	和銅3年	8世紀前半	『古事記』(712)、『日本書紀』(720)が成立。この頃『風土記』も作られた。漁労・水産加工品についての記述が多く見られる。
			初めての殺生禁止令が出された。
			水産物の干物、醤、鮨（すし）やカツオ煎汁（イロリ、調味料として用いた）など様々な加工品が調として貢納された。造酒司では酒の他に酢も作っていた。
		8世紀後半	『万葉集』に、宇治川のアユ簗漁や、さで網による漁、マグロ突き漁、潜水による鮑取り漁、地引網漁の様子が歌われた。
平安時代	延長5年	927年	『延喜式』に見える各国の特産物は、塩漬け、干物、鮨、醤など半数以上が水産製品で加工品が多かった。海藻はワカメが多く食されていた。
	延久元年	1069年	琵琶湖で獲ったコイ・フナやフナずしなどを販売した近江の粟津橋本供御人のように、漁業・海産物販売の専業集団が現れるようになった。
	大治元年	1126年	白川上皇によって殺生禁断が命じられ、諸国の魚網5千帖が捨てられた。
		12世紀前半頃	『中尊寺経巻扉絵』に、四手網による漁が描かれた。
鎌倉時代	文治4年	1188年頃	京都の淀に、魚介類を専門に扱う魚市ができたことが、九条兼実の日記『玉葉』に記された。
	弘安4年	1281年	律宗の僧叡尊による申請で、宇治の網代（簗漁の簾立て）が破却された。
	元弘元年頃	1331年頃	吉田兼好が『徒然草』を著わし、鎌倉のカツオがもてはやされている様子や鯉が一番の高級魚であることなどが記された。
		15世紀前半	この頃、大草流などの武家料理の流派がおこった。
室町時代	文安4年	1447年	それまでアイヌによって行われていたニシン漁に和人が参入するようになった。

魚食文化年表

時代区分	年号	西暦年	魚食文化に関する項目
(戦国時代)		1470年頃	「文明本節用集」に「漿醤(シヤウユ)」と書かれ、醤油が文献にあらわれた。
	文明18年	1486年	魚だけでなく飯も一緒に食べるナマナレ鮨がはじめて文献にあらわれた(『蜷川親元日記』)。
	長享3年	1489年	四条流の日本料理について記した『四条流庖丁書』が成立した。かまぼこは鯉を用いるのが正式とある。
	明応4年	1495年	この頃、大坂の石山本願寺建立にともない魚市ができた。
	文亀2年	1502年	明から和泉国堺に金魚が伝来した。
	永正10年	1510年	『種ヶ島家賦』に「かつほぶし」の語が見え、文献で確認できる最古の鰹節である。
	享禄元年	1528年	なまずのすり身を用いたかまぼこが作られたことが『宗吾大双紙』に記された。これは現在のちくわの元になった。
	天文5年	1536年	『鹿苑日録』に「醤油」の記述があり、現在の醤油はこの頃に作られるようになった。
		1543〜	南蛮貿易の影響により、南ヨーロッパの料理が長崎に流入し、天ぷらの原型となった。
	(弘治年間)	1555〜1557年	紀州熊野浦の西宮久助が房総半島に漂着し、小地曳網漁を伝えた。
			1日3食が定着し(腹が減っては戦も出来ぬ)、戦場食には煎り米となまり節を薫蒸した鰹節が主流になる。
安土桃山時代	(元亀年間)	1570〜1572年	この頃、三河の漁民が、鉾や銛を用いた突取法による捕鯨をはじめた。
	(天正年間)	1573〜1592年	徳川家康の江戸入国にともない、摂津国西成郡佃村・大和田村の漁民30余名が江戸に移住して漁業に従事した。
	文禄〜慶長		ふぐ食禁止令(朝鮮出兵の際に多くの兵がふぐ中毒で死亡したのを機に武士に発した。)
			和泉国佐野浦の鰯網組が、対馬、九州各地・瀬戸内海・関東へと次々に出漁をはじめた。
	天正18年以降	1590年以降	摂津国佃村・大和田村から移住した漁民が幕府に献上した魚の残りを販売、日本橋市の出発点となった。
江戸時代	(慶長年間)	1596〜1615年	西日本で、木綿などの商品作物の栽培が盛んになり、干鰯などの魚肥が用いられるようになった。恵比寿神が田んぼの神様になり、農家で祝い事に鯛が使われるようになる。紀州からはじまった鰯の地引網漁や八手網漁が瀬戸内・九州・房総へと拡大した。
	慶長11年	1606年	尾張・和泉の漁民らの協力により、紀伊の太地に突取法による捕鯨組である「突組」ができた。
	元和元年	1618年	大坂の天満魚屋町などで営業していた生魚商17軒が上魚屋町に移転、生魚市場として幕府から特権を与えられた。
	正保元年	1644年	江戸の干潟を造成した佃島を拝領した摂津国佃村出身の漁民は、冬季に白魚漁を営み将軍に献上した。
	(慶安年間)	1648〜1651年	紀州で開発された焙乾による鰹節の製法が、紀州印南浦の漁民によって土佐に伝えられた。
	延宝3年	1675年	紀州太地で、網を併用して突取る新しい捕鯨法が開発された。この方法は後に土佐、長門、肥前などに伝播した。
	延宝5年	1677年	三陸・唐桑の漁民が、紀州から伝えられた生餌鰯を用いた鰹釣溜の漁をはじめた。
	元禄5年	1692年	長門市の向岸寺で鯨の内体にあった稚鯨に戒名を付け、位牌を寺に置いて供養した。
	元禄8年	1695年	人見必大が食物本草書である『本朝食鑑』を著わした。
	(元禄年間)	1688〜1704年	鰹節の土佐式の製法が高知で確立、燻乾・カビ付けした鰹節が、全国的に名声を得るようになった。
	天和2年	1682年	大坂の生魚商人が大坂湾に近い鷺島に拠点を移し、この地に雑喉場(ざこば)と呼ばれる生魚市場ができた。この頃、全国の城下町に魚市場が開かれるようになった。
		17世紀後半	味噌、醤油、味醂などの調味料が出揃いコンブ、鰹節を加えて日本料理の基本味が完成した。

時代区分	年号	西暦年	魚食文化に関する項目
江戸時代	宝永3年	1708年	貝原益軒は『大和本草』で、早ずしはそれまでのナマナレずしに比べて消化がよいと記した。
			酢飯を用いた鮨がこの頃から鮨の主流になった。
		1720年頃	高額（1～2両）寿司を売った罪（手鎖の刑）で数軒の店主が罰せられた。
	享保10年	1725年	肥前生月で益富組が突取法による捕鯨をはじめた。
	（寛政年間）	1789～1800年	江戸で初カツオを食すことがブームとなり、その様子が多くの狂歌・川柳に詠まれた。
		1800年頃	蒲鉾を作る料理人と魚屋が連携して蒲鉾専業店を営むようになった
	文政5年	1822年	「全国鰹節番付」が出され、薩摩・土佐・紀伊の各地の鰹節が上位を独占した。
	（文政年間）	1818～1830年	それまで江戸でも売られていた関西風の押し寿司に代って、江戸前の海産物をネタにした握り寿司が売られはじめた。
	天保元年	1830年	この頃、大坂では箱寿司の一種であるこけら寿司がブームになった。
	幕末		この頃、アメリカなどの捕鯨船が日本近海で操業を行う。
明治時代	明治7年	1874年	日本橋魚市場に最初の規制を定めた。
	明治16年	1883年	第1回水産博覧会（東京上野）で俵三品を含めた輸出を促進する。
	明治21年	1888年	山口県でふぐ食が解禁された。
	明治22年	1889年	パリ万国博覧会にて重要水産物図及び魚油蝋を出品した。
	明治26年	1893年	三重県人御木本幸吉が半円真珠の養殖に成功した。
	明治27年	1894年	最初の地方水産試験場として愛知県水産試験場が設置される。
	明治28年	1895年	イワシの味付缶詰が邦人から歓迎されるようになる。
	明治30年	1897年	水産講習所の官制により、水産講習所が設置された。
			遠洋漁業奨励法が制定された。
			神戸市で第2回水産博覧会が開催された。
	明治32年	1899年	福井県立小浜水産学校（現在の県立小浜水産高校の前身）が設立された。
	明治34年	1901年	現在のホタテ干し貝柱（黒干し→白干し）ができた。
	明治37年	1904年	三重県人見瀬辰塀が真円真珠の養殖に成功した。
	明治38年	1905年	中部幾次郎が最初の石油発動機付鮮魚運搬船新生丸を建造した。
	明治39年	1906年	静岡県水産試験場が石油発動機付漁船富士丸を建造した。
	明治41年	1908年	鉄道省が腐敗性食料品転送用冷蔵貨車10両を作った。
大正時代	大正3年	1914年	第一次世界大戦が勃発した。
	大正4年	1915年	農林省水産試験場が設置された。
	大正7年	1918年	第一次世界大戦が終結した。
	大正11年	1922年	関東地方一帯にコレラが流行したため東京湾に禁漁令が布かれ、日本橋市場は5日間休業した。
	大正12年	1923年	関東大震災により魚市場が焼失したため、芝浦に臨時魚市場が開設された。
	大正14年	1925年	南氷洋でスリップ・ウェー式捕鯨操業行われた。
			日本冷凍協会が設立された。
昭和時代	昭和2年	1927年	香川県引田町でハマチ養殖が始まった。
			サケマス沖取漁業が初めて行われた。
	昭和4年	1929年	農林省水産試験場の官制により、水産講習所の試験部及び海洋調査部は新設の農林省水産試験場（月島、現在の中央水産研究所の前身）に移管された。
			マグロ缶詰の対米輸出が始まった。生糸、水産缶詰、真珠などが輸出の主力製品になる。

魚食文化年表

時代区分	年号	西暦年	魚食文化に関する項目
昭和時代	昭和6年	1931年	大阪市中央卸売市場が福島区に竣工した。
	昭和7年	1932年	水産物輸出奨励規則が制定された。
	昭和8年	1933年	東京市中央卸売市場が築地に竣工した。
	昭和9年	1934年	輸出水産物取締法が制定された。
			日本捕鯨株式会社が南氷洋で我が国初の母船式捕鯨業を行った。
	昭和14年	1939年	第二次世界大戦が勃発した。
	昭和15年	1940年	夏マグロと鯨肉を使った魚肉ハムの本格製造が始まった。
	昭和16年	1941年	鮮魚介配給統制規則が公布された。
	昭和17年	1942年	水産物配給統制規則が公布された。
	昭和20年	1945年	第二次世界大戦が終結した。
	昭和24年	1949年	農林省に水産研究所が設置された。
	昭和25年	1950年	大阪堺市でシラス食中毒により20人が死亡、腸炎ビブリオよることが判明した。
	昭和26年	1951年	ＧＨＱが5ポイント計画実施を勧告した。
			水産資源保護法が公布された。
	昭和27年	1952年	「沿岸から沖合へ、沖合から遠洋へ」の水産行政が推進される。
	昭和29年	1954年	まぐろ漁船第5福竜丸（木造船）がビキニの米国水爆実験で被災した。
	昭和30年	1955年	長崎・築地市場間の鮮魚専用列車が運行を始めた。
			冷凍水産物検査協会、魚肉ハム・ソーセージ協会が発足した。
			いわし缶詰、日本鮪缶詰、さんま缶詰、鮭・鱒缶詰、寒天の各水産物輸出組合が設立された。
	昭和33年	1958年	真珠審議会が価格低落防止のための生産計画を答申した。
			本州製紙江戸川工場の汚水事件が起きた。
	昭和34年	1959年	(財)日本輸出冷凍食品検査協会が設立された。
			熊本県不知火海の漁民が水俣問題で新日本窒素工場に押し掛けた。
	昭和35年	1960年	ハマチ養殖盛んになる。
			家庭用冷蔵庫の温度規格を10～-2℃に定めた。
	昭和36年	1961年	漁業生産調整組合法と魚価安定基金法が公布された。
			北海道水産試験場がスケトウダラの冷凍すり身技術を開発した。
	昭和38年	1963年	(株)全国すりみ協会が設立された。
	昭和39年	1964年	韓国・台湾のマグロ延縄漁業が盛んになる。
	昭和41年	1966年	国鉄が鮮魚列車の時速を100kmに速め輸送時間を短縮した。
			水産物輸入対策協議会が発足した。
	昭和42年	1967年	全国蒲鉾水産加工業協同組合連合会が設立された。
	昭和43年	1968年	鰹節業界随一の老舗「にんべん」がかつお節パックの商品化に成功した。
	昭和44年	1969年	厚生省がチクロ使用禁止、製品回収を指示した。
	昭和45年	1970年	三崎水産物協組が-50度、3.8千トン冷蔵庫を完成した。
			神田共立講堂で公害絶滅全国漁民大会が開かれた。
			水質汚濁防止法、海洋汚染防止法が公布された。
	昭和46年	1971年	卸売市場法（中央、地方を含めた統一的法制）が成立した。
			水産物の産直販売が各地で展開される。

時代区分	年号	西暦年	魚食文化に関する項目
	昭和46年	1971年	全国水産加工業協同組合連合会が設立された。
	昭和47年	1972年	魚類のPCB汚染が発表された。
			瀬戸内海の養殖ハマチが赤潮による大被害を受け天災融資法が適用された。
			ストックホルムで国連環境会議が開催され、商業捕鯨10年禁止が採択された。
			水産資源開発センター調査船千代田丸がオキアミ調査に出港した。
	昭和48年	1973年	厚生省が魚介類水銀暫定規制措置を発表した。
			公害絶滅瀬戸内海漁民大会で会場デモが行われた。
			千葉県漁連が漁船100隻を動員し汚染工場の海上封鎖を断行した。
	昭和49年	1974年	水銀、PCBなどによる汚染等公害問題がさらに深刻化した。
	昭和52年	1977年	日本が200海里暫定措置法を公布した。
			ソ連の200海里水域実施に伴い、日本が北洋減船を実施した。
	昭和53年	1978年	ソロモンやニュージーランドの200海里水域実施に伴い、日本漁船が退去させられた。
	昭和54年	1979年	日鰹連が銀座にマグロ屋を開店した。
	昭和55年	1980年	農水省がブリ・マダイなど水産養殖用医薬品使用規則を制定した。
			厚生省が過酸化水素の食品使用についての基準を定め、ちりめんじゃこやかまぼこへの使用を禁止した。
	昭和56年	1981年	築地市場内におさかな普及センターが開場された。
			フグの産地下関で第1回「フクの日」記念行事を行った。
			皇太子殿下夫妻を招き大分県下で第1回放魚祭を実施した。
	昭和57年	1982年	全国スーパーマーケット協会が発足した。
			カニ風味かまぼこの輸出量が20万トンを超えた。
	昭和59年	1984年	地中海の空輸マグロが築地市場に初入荷した。
	昭和61年	1986年	水産14団体がおさかなフェアを開催した(以後毎年1回開催)。
	昭和62年	1987年	国鉄が鮮魚輸送貨物列車を廃止した。
			海産哺乳動物の調査研究を行う(財)日本鯨類研究所が設置された。
	昭和63年	1988年	鯨の食文化を守る会が発足した。以後、毎年捕鯨の伝統と食文化を守る会を開催している。
平成時代	平成2年	1990年	TBTO含有の漁網防汚剤・船底塗料の使用、系統購買事業での取扱の中止を求める行政指導がなされた。
			大日本水産会が「魚を食べると頭が良くなる」と銘打ち、DHAのシンポジウムを開催した。
	平成4年	1992年	秋田県内の12漁協がハタハタの3年間全面禁漁を始めた。
			EC委員会が日本産ホタテガイの貝毒問題で輸入禁止を決定した。
	平成5年	1993年	東京・晴海で第1回国際シーフードショーが開かれた。
	平成6年	1994年	マルハが宇宙食化のために技術協力した「向井千秋さんの宇宙料理コンテスト」(宇宙開発事業団他)の入賞品目の表彰式が行われた。
			EC委員会が日本産ホタテガイの輸入禁止措置を解除した。
	平成8年	1996年	狂牛病(BSE)問題が発生した。
			ノルウェーのレロイ社が日本向けサケのチャーター便輸送など販売強化策を発表した。
			国際養殖産業会主催の第1回国際養殖技術展が神戸で開催された。
			全国27県の県魚が集合して「全国県魚サミットinかがわ」が香川県坂出市で開催された。

魚食文化年表

時代区分	年号	西暦年	魚食文化に関する項目
平成時代	平成9年	1997年	大水がHACCP対策、対米輸出水産加工製造業対象の講習会を開催した。
	平成10年	1998年	食品流通におけるHACCP導入協議会を発足した。
			全漁連・マリンブルー21が「全国漁民の森サミット」を開催した。
			捕鯨を守る会が「全国くじら伝統芸能祭」を東京・国技館で開催した。
	平成12年	2000年	改正JAS法の品質表示基準に基づく水産物等生鮮食品の表示を義務づけた。
	平成14年	2002年	ポニーキャニオンがお魚ソング「おさかな天国」を全国販売した。
	平成15年	2003年	食品安全基本法が公布された。
	平成17年	2005年	農林水産物等輸出促進協議会が設立された。
			食育基本法が公布された。
	平成18年	2006年	農水省が東アジア食品産業活性化戦略会議を開催した。

付録 『諸家通用即席料理　魚類之部』

『諸家通用即席料理　魚類之部』　の翻刻について

[資料解説]
　即席料理とはありあわせのもので作る料理のことである。一年を三か月ずつ四期にわけて、季節ごとの料理の食材の組み合わせや調理法を紹介している。折本の裏面は「諸家通用即席料理　精進之部」で、同形式の料理本になっている。
（大坂書林　心斎橋通安堂寺町　吉文字屋利助、同秋田屋甚兵衛　享和2年　折本　19cm）

（独）水産総合研究センター中央水産研究所　図書資料館
　　　　　　　　　　　　　　　　　　　　　　　　　　鈴木信子

[凡例]
●変体仮名は原則として平仮名に改めた。
●かすれ、補修等で不鮮明であったり、解読できなかった文字は□で表示した。
●濁点や旧仮名遣い、改行などは原文通りとした。
●旧仮名遣いや濁点の有無で読みにくいと思われるものを抽出し、現代仮名遣いとの対照表を別に付した。

新旧仮名遣い対照表

旧仮名遣い	現代仮名遣い	旧仮名遣い	現代仮名遣い	旧仮名遣い	現代仮名遣い
こひ	こい	こせう	こしょう	ねき	ねぎ
かふたけ	こうたけ	ちやうろき	ちょうろぎ	しめし	しめじ
かふ茸		あへ	あえ	かまほこ	かまぼこ
せうが	しょうが	こま	ごま	うなき	うなぎ
せうか		みやうが	こまごま	てんかく	でんがく
大こん	大根	せいゆ／しやうゆ	しょうゆ	しほ	しお
みやうが	みょうが	ひしき	ひじき	きおんほう柿	祇園坊柿
みやうか		うと	うど	わさひ	わさび
くらけ	くらげ	すゝき	すずき	ゑひ	えび
きうり	きゅうり	あらひ	あらい	ほたん	ぼたん
さひ切	さい切	かふら	かぶら	きんなん	ぎんなん
くわんざう	かんぞう	みつは	みつば	仕やう	仕様
ちく	じく	つふしいたけ	つぶしいたけ	扨	さて
ぢく		ふんとうもやし	ぶんどうもやし	やはらかに	やわらかに
こほう	ごぼう	かは	かわ	かはる	かわる
こぼう		そろへ	そろえ	あはせ	あわせ
しほり汁	しぼり汁	つかふ	つかう	いつれ	いづれ
さんせう	さんしょう	仕あけ	仕上げ	いふて	いうて
くす	くず	どぢやう	どじょう	かけん	かげん
まきもとし	まきもどし	あは	あわ		
つかふ	つかう				
のはす	のばす				
すくひ	すくい				

諸家通用 即席料理 魚類之部

正月 二月 三月	鱠	たい 赤かい うど 木くらげ せり なんばす	かふ茸 大こん わりくり わさびす	生さけ うど 木くらげ わさびす	ぽら 大こん せり なんばすか にす	きすこ 糸つくり はすいも いり酒 木くらげ	なまがひ 小さひ切 岩茸 くわんざう わさびす	いかのせん 大こん 切かさね しそ なんばす	白うを 水くわへ みつばくり ふつくり いり酒 糸きり
四月 五月 六月	鱠 同上	あぢ 小しそ 糸きり 大こん たてす	うど 木くらげ せうが いり酒 岩たけ	ゑふな 白うり みやうか うど	まなかつを 黒くらげ きうり せうす	ふな せごし 子付 なんばす いり酒	たい 小角切 岩たけ 糸白うり せりす	せいご たて 岩たけ なんばす	さは 一しほ たてす せうか めうが
七月 八月 九月	鱠 同上	こひ せごし くり 岩たけ せうがす	きうり 木くらけ なんばす いり酒	いな 糸きり なし 岩たけ いり酒	せいご 同 ひぢき なんばす	あい 岩たけ 花はす わさび	白身玉子 岩たけ みつばす 同 いり酒	雨のうを へぢま 木くらげ きりかさね なんばす	さより 糸きり 白うり うずまき 水くわへ 同
十月 十一月 十二月	鱠 同上	ふな ほきり うど 木くらけ いり酒	わりくり 岩たけ 木くらけ すみそ	きんし玉子 大こん さきゑび	なまこ 大こん 糸きり 木くらげ せり せうが いり酒	紅あいご くらけ 岩たけ せり 梅仕立 いり酒	白うを うぶ□ 岩たけ ちく 同 いり酒	「白みばかりむして」玉子角きり 木くらげ せり ちく なんばす	鳥貝 糸わり せりちく 木くらけ わさびす 大こん わりて くりあへませ

煮かい 土佐ふ みつば 鯛　焼目付 ゆりね かくしせうが	煮あんぺい ぎんなん 木くらげ	漬松たけ みつは 玉子しめにして くきはかり	白うを 木くらげ　そぼろにして 生がひ 青ざんせう	きんし玉子 巻きすご 岩たけ　ひざん せう	水せん玉子 漬しめじ みつは うすくず	きんこ　小とり たゝき	いせえび せり　ぢくとり 椎茸 木のめすまし	くずな　くずたゝきに して　くわへ 岩たけ うすくずわさひ	白うを　木くらげ せり　わりさんせう 岩たけ しほり汁	かも　ぎんなん こぼう　さゝがき せうが	煮物　同前
岩たけ くずあんかけわさび	たい「三枚におろし身を こそげよせたら、 ねぶか　いり付 白根五部切」	すぎ　油あけにして かいわりな 岩たけ 紅せうが	もうを 焼くり　よせ身 木くらげ　みそ からし せうが	たいらげ ぎんなん 岩たけ わさひ	よせ玉子 なすびみつば くずたまりかけ せうが	みつわさび かもうり 「うすくずわさひ	やきあい　くこのは 「うすくずわさひ	かれ　木くらげ あらせいとう わさひ	いか　わらび 岩たけ うすくず	煮物　同上
たい しめじ 木くらげ すまし 柚かわ	生貝　そぼろ ごぼう　せん 岩たけ　糸切 「玉子しめ くずひとり きかあん」	はぜ　丸にて油あけ ぎんなん「むきみを まぶして 蒸して せうが」	小とり　たゝき ぶんなもやし かいわり 岩たけ こせう	さごし　白やき まきば かいわり せうば	赤貝みやう 乱菊 木くらげ みそ わさび	きんこ　すり身とじ 漬しめじ　うすくず 青まめ	はも　せこし玉子 根いも　とじにして 岩たけ うすくず こせう	夕かほ 白うり　きんこ 岩たけ うすくず わさび	まなかつを 丸むき 岩たけ うすくず	煮物　同上
大こん せり もうを　皮ひきて うにす 糸切り	にしり 岩たけ うすくき きくな 同 はす	たち魚 木くらげ 大こん なんはす	きんし 大こん　きすつ ゆりね 同	げんじ　たゝき 大こん くずたまり むきみて こせう	かも　どうがらたゝき ほうたら わりねぎ 紅せうが	このしろ　せこし はつか　むして かぶら ゆにして しきみそ	鳥たゝき　きんこ ともまめと くずたまり とりてもはど 「すり身とあわせ きんとと ともまめと」	大すり身 椎たけ みつば うすくず ゆ	糸より やきめ付 ひらたけ なかいも きてよし わさび	煮物　同上

和物の 同前	岩たけ いせゑび　ふき みそあへ	いか 木くらげ　きのめ あへ	たこ こまたくさんに入べし せうゆいりにしてすり あへる	「たい ひらつくり 「うににこせうと合 生栗 わりて あへる	いか　　同 糸切　岩たけ 「たいのしら子よし あへ	ごぼうのせん むきまくり　ゆり根 きのめみそあへ	うすく切 「黒ごまみそあへ あへ	数の子　なし きんこ　うど 青まめみそ 黒ごまみそ あへ
和物 同上	きんね 木くらげ　ゆりね せりみそ あへ	沖ゆきてよく 水けをとる切 かきわりて くり 黒こますみ あへ	たこ　いぼはばかり 岩たけ ゆみそあへ	赤貝 水くわえ なまがりして 青のりみそ 細ぎり 梅みそあへ	大ごぼう　小さい切 ぜにぎり 竹の子 すへのかわ きくなみそ切 あへ	きんこ 竹の子 せん切 わさびみそ和	はもの皮 「しらやき 尤なまやき きうり わさびみそ和	まて貝 岩たけ ねぎみそ あへ
和物 同上	いか ひらきり くし貝　ほそぎり ちやうろき 玉子き身あへ	小いか　ひら切 松茸 きのめあへ	さゞゐ ぎんなん せうがみそ あへ	かまぼこ　せん 木くらげ うにあへ	ひいか　ごぼう くるまゑび かうたけ ふきみそ 黒ごまみそ	源じばと 松露 ゆにして にくあへ		
和物 同上	あなご ほうきぐの実 みそあへ 白やき五部切	いか ひらきり せり ゆかして くずあんあへ	新の子 かうたけ さんせうみそ あへ	くし貝 きんなん 青あへ	ぼうたら せんごぼう うにして とがらしみそ	いせゑび 岩たけ にぬき玉子すみそ	さゞゐ うど きのめみそ	たこ せんきり 木くらげ わさびみそ

指身　同前	こい　子付　うど　　　　　わさび 木くらげ	たい　糸づくり　うど 大こん　亀甲切かさね 岩たけ　　からしす	かれ　小角切　なんばす 木くらげ　たで	いか　糸つくり つくしんせう 青さんせうす	花ゑび よめな　なんはす 大こん	さより　糸きり　せうが　す 大こん 小しそ	
指身　同上	あらい鯉　すみそ しらが玉子 白身を　ほそ切 ひじき　ながきを 用ゆ	鮒　岩たけ　いりさけ 立きり　梅仕立 うど	きすご　くらげ　なんばす みつば	生貝　小さい　かきす 岩たけ 青豆	すゞき　あらひ 大こん　わさひす 木くらげ	すき　あらひ　なんばす 大こん 小しそ	
指身　同上	すじ　生かつを うと　くらげ　からし 岩たけ　みそ	いせゑひ　小口きり くらげ　なんばす みつば	たいらげ　浅くさのり わさびす	たこ　糸きり かうたけ　せうかす	たちうを　か　いわし　なんばす 大こん 木くらけ	松たけ　ほら　このしろ　糸つくり か　にても ゆじやうゆ	
指身　同上	ゑび　さきて　なんばす 木くらげ みつば	鯛　小さい切 大こん　うと　同 はす	赤貝　せり　なんはす ひしき	鮒　岩たけ　いり酒 わりくり	白うを　せり　なんばす 木くらげ	かき　水をしぼりて 大こん　わさひす 岩たけ　みそ	

汁 同前	白うを　みそ よめな	小鳥たゝき 葉付かふら　すまし	蛤むき身　みそ ちさ 　干さんせう たいらき まつな	かき 岩たけ おろし大こん 　　ゆの皮	漬松たけ 焼はへ 　　こせう	鴨あぶら皮 せんこほう
汁 同上	へぎ生貝 根いも 　はなゆ	こち よめな 　同	まて貝 岩たけ 　同 むきしゞみ かいわりな 　青ゆ	干ふぐ皮 つぶしいたけ 青な しいたけ こまく 　　からし	はもすりながし 塩とり みつば 　　さんせう	
汁 同上	くずしはも 松露 　ゆの皮 くちしほたら 青こんぶ こしやう	こち 岩たけ 　さんせう	やきはへ さゝかきごぼう あなご しらやき しめし あかみそ 　きのめ	皮くじら わりねき すまし みそ　さんせう	かます よせ身 とりて 　　ふき かまえ ゆりね 同	
汁 同上	かき 大こん　おろし みつば 小花ゑび つぶしいたけ 　　ゆの皮 やきふな せり　ぢく	あいこ かうたけ わりこせう	柳はへ きくな ふきのとう 玉子 岩たけ にぬきのかわ 　こせう	たこ ぜにきり はつきかぶら からし		

吸物　同前	焼白うを 松な 　すい□　［　］	むすび小鯛 浅草のり 　　こせう	きんこ　大切にして うど　丸むき うすくすわさび	口塩の鱈 青こんふ	へぎ貝 漬わらび 茶せんねき 　すまし 　　せうか	松露 焼あゆ 　　きのめ	鯛角切 茶せんねき 　やき目付	鯛の子　きのめ ほうれん草
吸物　同上	きんこ ふんとうもやし 　　こせう	すぎ 雲わた ねぎ白ね	小串鯛　しらやき かいわりな 　青ゆ	青さき こほうさゝがき 　さんせう	すゝき貝 茶せんねぎ	はものかわ　付やき □きもちやきて みつは　ちく 　　　こせう	はも　ほね切 わりねき 　しらやき 　かくしせうが	たいらけ 　しそ
吸物　同上	花ゑび みる 　　青ゆ	おこぜ　皮ひき 茶せんねき 　　こせう	小とり　たゝき かいわりもやし 　青ゆ	はも　ほね切白焼 こほうさゝかき あかみそゆ	むすびきすご 岩たけ しほ仕立 　　こせう	〈くるまゑび〉　すり身 □うすくず 　　わさび	まて貝 しめし 　　すまし 　　うどめ	くちしほたら 岩たけ 　すまし 　　こせう
吸物　同上	赤貝 茶せんねき かくしせうが	白うを きくな わりさんせう	鴨 　せり 　　さんせう	かしわ ごぼう　さゝかき 　　　せうが	かき 漬しめじ 　　こせう	かしは わりねき 　あぶり皮 　　せうが	きんこ 漬松たけ 　　こせう	もうを なすび　か□つけ ねぎ小口

臺引(たいひき)	小鳥　付やき かまぼこ 生貝　みそ煮 浅草のり 車ゑび 長いも きすご 押くわへ 伊勢えび かふたけ うにかまぼこ やきとり 押玉子 大こぼう うなき　てんがく なし　大輪切	同前
臺引	あかる　やきとり 「さんせうみそ ゆばしほやき でんがく」 蛸さくら煮 花しそ うにかまほこ このはかれ たいらけ　みそ付 火とりこんぶ 車ゑひ かだめ　おにやき わら煮玉子 やまのいも 青のり　しほ煮 かすてら玉子 はもてんがく やきこんぶ	同上
臺引	もず　やきとり 吹上松露　［　］切 よく漬出して 大きすこ ゆば　みそやき ぎおんほう柿 生干かます おしくり まなかつを　付やき うど酢漬 きんこ　玉子やき くだゆば　てんかく ぎうひこんふ　ほいろ 落あひ　たてみそ いせゑひ　ぼたん煮 かふたけ 大くし貝 しそのみ　枝とも	同上
臺引	かます　しほやき 浅くさのり あなご　でんがく ぎおんほう柿 はぜ　衣かけ玉子 なかいも　しほ煮 水せんやき玉子 青のり ほら付やき れんこん きんこ　すり身まき 青のり　小口切 たこ　足一本つ、衣かけ かため 瀬戸がき　でんがく ちやうろき 梅酢漬	同上

重引	同前			
	飯蛸 丸にてみそあへ			
	きんこ わさひみそ			
	鮒 てんかく か 付やき	みそ煮		
	かに わたあへ			
	生貝 わたあへ			
	大巻玉子 くずあんかけ こせう			
	はもでんがく か「銭切」 むして あんかけ			
	赤貝 ふくら煮			

重引	同上			
	なまがい ねき 大角 白ね みそかけ			
	かすご小鯛 「尾かしら」とりて 油上け みにねき			
	いせゑひ ほたん 潰しめし くずあんせうか			
	うぼぜ「とがらし みそてん かくかん 付やき」 さんせう醤油			
	かれ むして 木くらげ ねいも くずあんわさひ			
	いけかも ねいも でんがく			
	鮎 たてみそ でんがく			
	青鷺 こほう くすあん			

重引	同上			
	きんこ「すり身よせに」して小口切 木くらけ わさひ			
	くるまゑひ 皮とり 岩たけ ふきみそかけ			
	赤貝 ゆにして ゆりね さんせうみそ			
	く貝 丸にて 四方きり むき身 たきみそ酒しほも 煮つめる			
	大はまぐり きんなん くずあんかけ			
	あかる さんせうみそ でんがく			
	くずな みそた、き			
	かしわ ゆみそでんがく			

重引	同上			
	いか きのめみそしやう ゆにて付やき			
	きんこ 二部出し直かつを 青くさのりかけ			
	生貝 たきだし うと あさくさのりかけ			
	鴨 さんせうみそ てんかく			
	つらいたい もみひだら かけ			
	大鮒 こんぶまき			
	鯉 せぎり さんせうみそ こぶり煮			
	ゑそ くずたまり せうが ほねきり			

早鮓仕やう		
たい　玉子		
生貝　木くらけ		
せり　　さんせう		
たて		
漬せうか		
魚の身たいによらす		
何にてもひらつくりに		
してよこししほに		
まぶしてよし○又		
玉子やきのなべなくば		
常のなべにあぶらを		
き間なくならべ扨		
つけやきてよし○		
扨飯のかげんよくして		
右のかやくとよくませ		
合し格好よき鉢へ		
うつし上よりやは		
らかにおしてむす		
かやくは其座の見合せに		
すべし		

身鮓仕やう		
仕やうはたい・さごし、		
かれのるい三枚におろし		
ほどよく塩をあて		
よき時分にひらきり		
にして竹の皮にす		
き用へにたて又は		
其うへにたで又はき		
くらげせうがのるい		
のめるいをはさみ		
又右の切り身上に		
ならべ竹のかわとも		
まきもとし皮とも		
よき程に切て竹		
のかはをとり出す		
○又浅くさのり昆布		
にて右の通りにして		
押て其まま切て出す		
いづれも押かげんしほ		
かげん第一なり こん		
ぶかだめのるいは其塩		
にてよし		

かびたん漬		
仕やうはいわしを白焼に		
して油によく上げて		
わりのいわしと一所にさん		
ばい酢に漬お置く椎茸		
漬てもよし其外魚		
肉なににても右の通り		
してつけ置て日をも		
たせて風味かはること		
なし		
○三ばいすなんばいす		
極上の酢をつかうべし		
酢よろしければすべての		
魚の骨をけしてくだ		
ゆへすいぶん酢をぎんみ		
すべしよりもの、うを		
ぐらいはよきすに一夜		
漬けほねともくらふべし		

あちやら漬		
魚の身　小さい切よし		
赤貝　わたをとりて		
ほそ切よし		
木くらげ　しそ		
水くわへ　みつば		
うど		
せり　みかん　木うり		
きんかん　かき		
にんしん		
たいてい青もの、るい		
そのとりあひのいろ		
をそろへ五色六色		
組合すべし尤魚		
類青ものともをつ		
時、其旬のものをつ		
かふべし		
○酢は生さびす少し		
二ばいすわさびす又は		
みそとしやうゆ少し		
合し酢にてうすくと		
きてかけても尤よし		

茶わんむし　井　鉢むし　にても	あんぺいむし　井　鉢むし　にても	鴨あんぺい	かやく茶きん
鴨　切身 ぎんこ　生貝 木くらげ　干さんせう しめじ 仕やうはまづかつを の出しをよくいだして しやうゆをほどよく あはせ玉子をよくか きたての出し醤 油に合す扨かやくを 茶わんへ入れ右の汁を 八分めにかけて蒸也 かやくは何にてもこゝろに 倶へし□に出すにかぎる べからすとかく湯をよく たぎらすべし	仕やう・かやくは茶わん むしと同じことなり まづ魚の身をよく すりて少し水にてやは らかにのばし少しじやうゆを 入て出しじやうゆを よきかげんにあはし 右のすり身にあはし 程よくのばして八分 めにかけて蒸こと 茶わんむし同じ 右あんぺいむしにも 魚の身すりのせつに 玉子の白み少し入る がよし　よくふきて上り かげんよし ○茶わんむしてうすく 仕あけ茶わんむしに してもよし ○あんぺいかやくあんぺいの るい何れも右の仕やうにて かたくもやわらかにも只 あんむしは十人前玉子 十八のつもりにてよし	仕やうは鴨の身に魚 のうどん粉を合し せうゆにて少し味 を付けうすやき にてのばし水にてほど らげ茶わんにてやは 玉子にして 小鳥たゝき　木くらげ きんなん　わさび よくとりて蒸す尤 よし拟ひみてむすも よし扨上り出にてほ かの器物にうつして くずあんかけて出す わさびすりせうがひざん せうのるいよし ○右の仕やうに じやうゆにてうすく 仕出したかこゞにてゝ煮 ままあんかけにして 出してよし又煮 だしかごにていてく にてもむし菓子椀 茶わんへうつし入て のばしかげん第一なり	仕やうは玉子に葛 かうどん粉を合し せうゆにて少し味 を付けうすやき にてのばし水にてほど らげ茶わんにてやは 玉子にして 小鳥たゝき　木くらげ きんなん　わさび よくとりて蒸す尤 右の外かやく何にても よく右のうすやき 玉子につゝみ一つゝ茶 わんに入蒸しその ままあんかけにして 出してよし又煮 だしかごにていてく にてもむし菓子椀 茶わんへうつし入て あんかけ又しきあん いつれにてもよし

とろゝ汁 凢客壱人にいも四十目とつもれは何程好物なる客ありても
手をつく事なし 但し京大坂及五畿内はみそにてのはす也
江戸は出し醤油にてのはなし

膳部のときみそ汁のつもりは客一人前に味噌かけめ十二匁にてよし

同　米は客一人に弐合あてとつもりにてよろしきものなり

どじやう汁　当時田舎たきといふていろ〴〵かやく多きを好めり仕様
先どじやうを湯煮しのけ其汁へ直にかつをの出しに
みそを□かけ酒と醤油をさす赤みそ尤よしかやくは
ごぼうさゝがき　椎茸　木くらげ　油上げ　ぎんなん
其外かやく見合せかぶらな、せり、みつば、こんにやく何にても
かやく多きを専とするなり　□ひさんせうよし

淡雪玉子　仕やう玉子の白みばかりをたくさんにとり魚のすり身
すこし入酒しほ少し水出しにてゆるめよくすり合せ茶
せんにてあわになるまでかき立たかな杓子にてすくひ煮て出
又玉子白みばかり右の通茶せんにてかきたててよくあはに
なり□所をよきかけんの出しへながし入一とふきにてすく
ひ出す「かくしせうが、わさび、こせうのるいよし尤此吸もの
甚かげん物故主人より客人へあいさつあるへし
　　　　　　　　　　　　　　　時うつれはあわ
　　　　　　　　　　　　　　　なく□る故也

当座　　料理早鍋
趣向　　折本一冊

此書は臨時［　］当り［　］八百や魚やの
手をからす有合のもの又は雑魚安物
の類にて其儘を取つくらふ事のみを
著す実に酒家重宝の書也　近刻

参考文献

青森県教育委員会編『三内丸山遺跡Ⅵ』青森県教育委員会（1996）
赤沢威「炭素・窒素同位体に基づく古代人の食生活の復元」『新しい研究法は考古学に何をもたらしたか』第3回「大学と科学」公開シンポジウム組織委員会編（1989）
赤松金芳『河豚考』日本医学会（1942）
秋谷重男『日本人は魚を食べているか』漁協経営センター（2006）
阿辻哲次『漢字と字源』講談社（1994）
網野善彦『中世民衆の生業と技術』東京大学出版会（2001）
網野善彦ほか編『渋沢敬三著作集』平凡社（1992）
石井泰次郎『日本料理法大成』大倉書店（1920）
石毛直道『魚醤とナレズシの研究』岩波書店（1990）
石毛直道『食の文化地理』朝日選書519　朝日新聞社（1995）
伊豆川浅吉『日本鰹漁業史　上巻・下巻』日本常民文化研究所（1958）
井上吉之監修『日本食品事典』医歯薬出版株式会社（1969）
宇野脩平『陸前唐桑の史料』日本常民文化研究所（1955）
大隈清治『くじらと日本人』岩波新書（2003）
大島建彦・御巫理花共編『掃除の民俗』三弥井書店（1984）
大塚滋『食の文化史』中央公論社（1975）
大槻文彦編『新訂大言海』富山房（1956）
『大槌町漁業史』大槌町・大槌町漁業協同組合（1983）
大野晋・丸谷才一・大岡信・井上ひさし『日本語相談』朝日新聞社（1992）
岡田哲編『食の文化を知る事典』東京堂出版（1998）
桶泉岳二「三内丸山遺跡における自然環境と食生活」『食べ物の考古学』学生社（2007）
小野蘭山『本草綱目啓蒙』平凡社（1992）
開高健『最後の晩餐』文藝春秋（1988）
岸上鎌吉「原始民族の水産食料」『原始時代の研究』雄山閣（1923）
近畿大学21世紀COEプログラム『養殖マグロの流通・経済』成山堂書店（2008）
栗原賢三ほか編『グルタミン酸の科学』講談社サイエンティフィック（2000）
熊倉功夫『日本料理の歴史』吉川弘文館（2007）

河野眞知郎「鎌倉武士の食べ物」『食べ物の考古学』学生社（2007）
鴻巣章二、橋本周久編『水産利用化学』恒星社厚生閣（2000）
国際農林業協働協会（JAICAF）『世界漁業・養殖業白書2006年』（日本語要約版）
後藤和民「縄文時代における生産力の発展過程」『考古学研究』No.129（1982）
小宮孟「貝塚産魚類組成から復元する縄文時代中後期の東関東内湾漁撈」人類学雑誌
　　　vol113 No.2（2005）
小山修三『縄文時代』中公新書（1984）
斉藤嘉美『魚と食習慣病』ペガサス（2005）
酒井亮介『雑喉場魚市場史』成山堂書店（2008）
坂口守彦ほか編『魚博士が教える魚のおいしさの秘密』はまの出版（1999）
佐々木満「開かれた養殖の未来」（連載）みなと新聞（2004〜2009）
佐野雅昭『サケの世界市場』成山堂書店（2003）
佐原真『衣食住の考古学』岩波書店（2005）
時事通信水産部『にっぽん魚事情』時事通信社（1998）
篠田統『すしの本』柴田書店（1972）
笹原宏之『国字の位相と展開』三省堂（2007）
渋沢敬三「式内水産物需給試考」「『延喜式』内水産神饌に関する考察若干」『渋沢敬三著
　　　作集第1巻』平凡社（1992）
清水桂一編『食べもの語源辞典』東京堂出版（1997）
周達生『あれも食べたこれも食べた』中央公論新社（2003）
小学館国語辞典編集部『日本国語大辞典』小学館（2002）
食品技術士センター編『食品技術の革新に挑む』幸書房（2006）
『資料大阪水産物流通史』三一書房(1971)
水産庁『水産の動向・水産施策』（2003〜08）
末広泰雄『すしの魚』平凡社（1975）
杉山秀樹「秋田のハタハタ文化」『漁村の文化』漁村文化懇談会（1997）
鈴木克美『鯛』法政大学出版局（1992）
須山三千三、鴻巣章二編『水産食品学』恒星社厚生閣（1987）
西武男編『水産動植物名漢和辞典』農林協会（1958）
湊文社「特集　日韓水産物貿易の行方」『アクアネット』2月号（2007）
湊文社「特集　魚の値段を考える」『アクアネット』5月号（2008）

総務省統計局『家計調査年報』（1965～2005）

高正晴子「料理書に見る行事と鯨料理」「日本家政学会誌」vol48（1997）

田上繁「熊野灘の古式捕鯨組織」『海と列島文化』8所収、小学館（1992）

田島佳也「近世紀州漁法の展開」『日本の近世4生産の技術』所収(1992)

田島佳也「水産物流通における近世後期の東と西」『日本の近世17東と西江戸と上方』所収(1994)

田中茂穂『魚の味』南郊社（1924）

田中茂穂『食用魚の味と栄養』時代社（1943）

多部田修『進化の袋小路に入った特異な魚、ふぐ』栽培漁業センター（1996）

玉置泰司「最近の我が国の水産物貿易情勢」『ていち』No112　日本定置漁業協会（2007）

張弘碩「韓国における水産物需給と魚食文化について」『水産振興』第469号　東京水産振興会（2007）

寺島良安著、島田勇雄ほか訳注『和漢三才図会』平凡社（1987）

東海区水産研究所『東海区水産研究所報告』水産庁（1955～82）

東京都中央卸売市場『事業概要』東京都中央卸売市場経営管理部総務課（1997）

長崎福三『江戸前の味』成山堂書店（2000）

長崎福三『日本人と魚』はる書房（1991）

長崎福三『魚食の民』講談社学術文庫（2001）

長崎福三『魚食の民』北斗書房（1981）

中園成正『くじら獲りの系譜』長崎新聞社（2001）

永原慶二・山口啓二編『塩業・漁業』日本評論社（1985）

永原慶二、山口啓二ら編『塩業・漁業』日本評論社（1987）

新村出編『広辞苑』岩波書店（2003）

日本缶詰協会編『缶・びん詰、レトルト食品、飲料製造講義』日本出版製作センター（2006）

日本化学会編『味とにおいの化学』東京大学出版会（1976）

日本化学会編『化学総説　味とにおいの分子認識』学会出版センター（1999）

日本常民文化研究所編『日本水産史』角川書店（1957）

日本食品工業学会編『食品工業総合辞典』光琳（1994）

日本水産「世界で水産物の消費拡大増加著しい韓国・中国」『GLOBAL』第55号（2006）

『日本の味醤油の歴史』吉川弘文館（2005）

『日本橋魚市場沿革紀要』大坂水産流通史研究会（1969）

農林水産省統計部『漁業 養殖業生産統計年報』（1970～2005）

野中順三九ほか著『水産食品学』恒星社厚生閣（1976）

橋本壽夫『塩と健康の科学』（財）塩事業センター技術部（1998）

畑江敬子『さしみの科学―おいしさのひみつ―』成山堂書店（2005）

羽原又吉『日本漁業経済史 上巻・下巻』岩波書店（1957）

原田信男『和食と日本文化』小学館（2005）

早川光・大浦利昭『すし』鳳山社（1985）

樋口清之『日本食物史』柴田書店（1987）

日比野光敏『すしの歴史を訪ねる』岩波新書（1999）

福場博保・小林彰夫編『調味料・香辛料の事典』朝倉書店（1991）

藤田大介ほか編著「磯焼けを起こすウニ―生態・利用から藻場回復まで―」成山堂書店（2008）

藤巻正生ほか編『米・大豆と魚』光生館（1984）

二野瓶徳夫『漁業構造の史的展開』御茶の水書房（1978）

芙蓉海洋開発株式会社・下関水産市場研究会『我が国東シナ海漁業における輸出市場の展望に関する調査研究』（2002）

松浦勉「刺身用まぐろ類の需給と価格の動向」『中央水研ニュース』No. 34（2004）

松浦勉「競争激化の中で成長を続ける東南アジアの養殖業」『水産振興』第467号 東京水産振興会（2006）

松浦勉「スケトウダラ輸出による国内価格水準の変化」『海洋水産エンジニアリング』12月号 海洋水産システム協会（2007）

松浦勉「日本とノルウェーにおける養殖魚類輸出の比較」『北日本漁業』第37号（2009）

松下幸子『祝いの食文化』東京美術（1991）

松本忠久『平安時代の醤油を味わう』新風舎（2006）

三島格「鯨の脊椎骨を利用せる土器製作台」『古代学』10－1（1961）

緑書房「特集 私の魚もアジアへ輸出」『養殖』4月号（2006）

宮下章『鰹節』（ものと人間の文化史97）法政大学出版局（2000）

宮下章『鰹節上巻』（社）日本鰹節協会（1989）

宮下章『鰹節下巻』（社）日本鰹節協会（1996）

宮村正夫「北海道産水産物輸出の取組み」『水産振興』466号 東京水産振興会（2006）

明・李時珍『本草綱目』人民衛生出版社（1982）

村田裕子　『バフンウニ卵巣由来の新規苦味アミノ酸プルケリミンに関する研究』京都大学学位論文（2001）

森浩一「弥生・古墳時代の漁撈・製塩具副葬の意味」『日本の古代』8中央公論社（1996）

盛本昌広『贈答と宴会の中世』吉川弘文館（2008）

柳珉錫『韓国の魚類養殖産業の動態と課題』広島大学大学院生物圏科学研究科博士論文（2008）

安松啓子ほか　日本味と匂学会誌12巻303-306（2005）

矢野憲一『鮫』法政大学出版局（1989）

山口和雄『日本漁業史』東京大学出版会（1957）

山口県環境保健部衛生課監修『ふぐ』山口県食品衛生協会（1990）

山口徹『近世海村の構造』吉川弘文館（1998）

山口徹『近世漁民の生業と生活』吉川弘文館（1999）

山口徹『沿岸漁業の歴史』成山堂書店（2007）やまさわ山澤正勝ほか編『水産食品の健康性機能』恒星社厚生閣（2001）

山下渉登『捕鯨Ⅰ・Ⅱ』ものと人間の文化史120-1・120-2　法政大学出版局（2004）

山野善正、山口静子編『おいしさの科学』朝倉書店（1994）

横尾政雄編『米のはなし』技報堂出版（1989）

吉田兼好著、佐藤春夫訳『徒然草』河出書房（1965）

吉田伸之「魚市場のにぎわい」『商いの場と社会』シリーズ近世の身分的周縁4（2000）

吉村友吉『房南捕鯨　附鯨の墓』相沢文庫（1982）

渡辺信一郎『江戸川柳飲食事典』東京堂出版（1996）

J. Gjøsaefer・川口弘一著、川口弘一訳『世界の中層性魚類の資源量に関する総説』海洋水産資源開発センター（1981）

Rudolf Kreuzer・Rashid Ahmed 著、宮崎一老ほか訳『サメの利用とマーケティング』海洋水産資源開発センター（1982）

おわりに

　日本では、江戸時代に沿岸域の魚介類を食材にして、すし・天ぷら・うなぎ・刺身の食文化が花開いた。明治以降、漁労技術の発展に伴い漁場が拡大し漁獲量が増加するとともに、水産加工技術を発達させて、水産物輸出を増やし国内消費を増加させていった。日本が開発した鮮度保持技術は刺身文化を発展させ、日本は世界に類を見ない魚食文化を築き上げた。

　しかし、日本の魚食文化は、昭和50年代の200海里体制の確立による遠洋漁業の衰退以降、輸入水産物に大幅に依存することになった。また、日本では、40歳代以下の年齢階層を中心に1人当たりの魚介類購入量が減少し、「魚離れ」が急速に進んでおり、国内価格が低迷している。一方、韓国、中国では、1990年代からの目ざましい経済発展により所得が増加し、中高級水産物の需要が増大したことから価格が高騰している。このため、日本は2000年前後から、国内の価格よりも海外の価格の方が高い魚種を積極的に輸出している。

　2000年代になって、世界的に多くの国々が魚食への需要を増加させたことと、世界全体の水産物供給量が停滞したため、日本はこれまでのように自由に水産物を買うことができなくなった。このような世界的な水産物争奪の時代にあって、日本は自国の魚食文化を確保するためにはどうすべきか、新たな変革を求められている時期にある。

　このような背景を踏まえて、本書では日本の魚食文化を望ましい姿で継続させるためには、①日本の食用魚介類自給率の向上、②国産水産物の輸出拡大と日韓刺身文化の共有、③国内水産物の価格低迷と買い負けへの対応（以上、第4章）、④東京湾の主要漁業と内湾漁場の再生、⑤急速に進む魚離れと都市漁村交流を通した食育活動、⑥水産物争奪時代における東アジア流通圏の形成（以上、第5章）の各項目が重要な観点であることを指摘させていただいた。本書を通して、日本が誇ることができる魚食文化の系譜に対して理解を深めていただくとともに、安定的な水産物供給を図るため、厳しい国

際環境にある日本漁業が、持続性を有する産業として存続できるよう応援していただけると幸いである。

　なお、本書は故中村弘二氏（独立行政法人水産総合研究センター・中央水産研究所・元利用加工部長）により企画立案され、4名が執筆を分担し、松浦がとりまとめた。

索　引

〈あ〉

アカエイの毒 …………………………124
赤松 ……………………………………17
赤身魚 …………………………………122
秋サケ …………………………………140
頭の良くなる本 ………………………85
アナゴ漁業 ……………………………144
海部 ……………………………………34
甘味 ……………………………………136
荒節 ……………………………………22
新巻鮭 …………………………………48
淡口醬油 ………………………………43
安藤昌益 ………………………………8

イイダコ漁 ……………………………33
イコサペンタエン酸 …………………125
以西底びき漁船 ………………………75
伊勢講 …………………………………58
イワシ資源調査研究委員会 …………72
インディカ種 …………………………119

魚島の鯛 ………………………………44
魚の臭い ………………………………138
魚離れ …………………………………146
筌 ………………………………………34
宇宙食 …………………………………128
ウナギ …………………………………125
ウニ ……………………………………141
うま味 …………………………………132
うま味レセプター ……………………132
ウーマンズフォーラム魚 ……………146

江戸前ずし ……………………………29
エビ調整品 ……………………………104
延喜式 …………………………………34

大阪湾湾奥 ……………………………148
尾頭文化 ………………………………93

沖合底びき網漁業 ……………………10
押しずし ………………………………35
押送船 …………………………………26
小田原かまぼこ ………………………75
小田原の水 ……………………………76

〈か〉

開高健 …………………………………136
海藻類 …………………………………127
解凍技術 ………………………………124
貝の中腸腺 ……………………………71
買い負け ………………………………115
加塩すり身 ……………………………79
核酸関連化合物 ………………………133
水主 ……………………………………46
堅魚煎汁 ………………………………37
鰹釣溜め漁 ……………………………49
カツオのたたき ………………………24
鰹節番付 ………………………………49
桂女 ……………………………………36
カニ棒風味かまぼこ …………………80
花粉分析 ………………………………31
釜ゆでシャコ …………………………143
通浦の向岸寺 …………………………56
唐醬 ……………………………………36
缶詰普及協会 …………………………66
官能検査 ………………………………131

危害分析重要管理点 …………………128
岸上鎌吉 ………………………………30
基本味 …………………………………131
旧水質二法 ……………………………143
狂牛病 …………………………………129
漁業 ……………………………………30
魚肉ソーセージ ………………………85
魚肉ソーセージ協会 …………………86
漁労 ……………………………………30
きれいな海 ……………………………145

180

供祭人	40
鯨汁	55
鯨百尋	58
グチ	74
クリップフィッシュ	100
グルタミン酸ソーダ	135
黒松	17
K値	75
削り節	23
削り節パック	23
ゲル化	83
原始民族	30
濃口醤油	43
高温殺菌釜	66
幸田露伴	91
5感	131
国民健康・栄養調査	146
コロザメ	69

〈さ〉

祭魚洞文庫	口絵8
酒菜	6
酒米	120
雑喉場魚市	44
さつま揚げ	27
サバ街道	149
蚕糸研究所	67
産地偽装	130
三内丸山遺跡	31
さんま	39
塩	13
死後硬直遅延	93
四条流庖丁書	61
死の海	143
渋沢敬三	35
霜降り	91
ジャポニカ種	119

精進料理	41
醸造研究所	121
縄文海進	32
醤油	41
醤油造り	134
醤油漬け	134
食育基本法	146
食のタブー	121
食用魚介類の自給率	103
食料利用率	121
白身魚	122
白身文化の国	99
真円真珠の開発	69
心筋梗塞	125
真珠研究所	68
身土不二	151
水産伝習所	54
水産物の呈味	132
水産物貿易総額	97
水質管理	145
スケトウダラ冷凍すり身	78
寿司米	121
ストックフィッシュ	100
ズワイガニ資源	84
製塩事業	15
生態系管理	145
製麺方法	83
石油酵母	135
背越	113
殺生禁断令	40
鮮魚専用列車	75
全国かまぼこ組合連合会	83
全国かまぼこ品評会	77

〈た〉

鯛	6
大中型まき網漁業	10
第二回水産博覧会	55
タイの姿焼き	123

181

旅うなぎ……………………27	贄………………………………34
タラ戦争………………………100	苦潮……………………………144
胆汁……………………………138	握りずし………………………36
	日常の食………………………35
血合肉…………………………126	日韓相互の活魚輸出…………111
蓄養マグロ……………………106	日中韓3か国…………………149
中間身魚………………………122	日本海区水産研究所…………88
中男作物………………………34	日本水産製品誌………………口絵3
調………………………………34	日本製品図説…………………口絵2
腸炎ビブリオ…………………72	日本橋魚市……………………45
調菜人…………………………42	日本味と匂い学会……………132
超低温庫………………………93	
チリメンの食中毒……………71	ぬめり成分……………………139
佃島……………………………142	ネバネバ米……………………119
つけ揚げ………………………27	
	ノリャンジン魚市場…………113
DNA解析……………………130	ノルウェー水産物輸出審議会………108
低価格志向……………………116	
定期市…………………………41	〈は〉
テクスチャー…………………86	バカガイ………………………7
テトロドトキシン……………20	白色真珠………………………69
デルタ航空……………………81	箸文化…………………………120
	ハタハタ………………………12
糖………………………………132	ハタハタずし…………………29
東海区水産研究所………………88, 93	初鰹……………………………22
東海区水産研究所水銀調査研究室…68	初島史料………………………46
東海区水産研究所保蔵部……75	バナメイ………………………105
東京湾漁場図…………………6	華屋与兵衛……………………90
東京湾再生推進会議…………145	浜のかあさんと語ろう会……146
土佐式鰹節製法………………53	板鰓魚類………………………124
トレサビリティー制度………129	パン食…………………………85
トロブーム……………………126	
	ヒガイ…………………………8
〈な〉	醤………………………………36
夏マグロ………………………85	尾部切断作業…………………94
生臭臭…………………………139	美物……………………………61
膾………………………………28	表皮のぬめり…………………92
なれずし………………………26	貧酸素水塊……………………144
南部の鼻曲鮭…………………48	
	フードマイレージ……………150

ブエン	…27	ミシマオコゼ	…7
ふか鰭	…69	水晒し作業	…76
フグ食許可国	…18		
フグ食禁止令	…18	無塩すり身	…79
フグ料理	…17	無塩文化	…14
フナずし	…29	蒸しかまぼこ	…87
不飽和脂肪酸	…87		
プラザ合意	…103	戻りカツオ	…49
鰤	…6	もの作りの発想	…147
ブリ街道	…149	モノドン	…105

〈や〉

ベトナム産ナマズ	…101	焼きかまぼこ	…87
		焼き魚	…87
庖丁道	…90	焼き塩	…15
庖丁人	…42		
捕鯨組織	…56	有機酸	…132
ホタテ貝柱の白干し	…70	豊かな海	…145
ほっちゃれ	…140		
棒手振り	…26	養殖10年計画	…103
本枯れ節	…24	寄鯨	…60
本州製紙江戸川工場	…143	四定条件	…115

〈ま〉 〈ら〉

前川善兵衛家文書	…48	リテーナかまぼこ	…88
マクガバンレポート	…89		
鮪	…38	冷蔵庫の設定温度規格	…71
マグロ缶詰の水銀問題	…68	冷凍すり身製造技術	…77
マグロ船の国際減船	…106	冷凍トロカツオ	…24
鮪節	…54		
マグロ水煮缶詰	…85	老人食	…89
マグロ養殖研究	…107		

著者紹介

越智信也（おちしんや）
神奈川大学・日本常民文化研究所、昭和35年東京都生まれ

西岡不二男（にしおかふじお）
一般社団法人全国水産技術者協会・理事、昭和15年兵庫県生まれ、農学博士

松浦勉（まつうらつとむ）
独立行政法人水産総合研究センター・中央水産研究所・水産経済部・国際漁業政策研究員、昭和27年山口県生まれ、水産科学博士

村田裕子（むらたゆうこ）
独立行政法人水産総合研究センター・中央水産研究所・利用加工部・素材開発研究室・主任研究員、昭和40年東京生まれ、農学博士

平成21年10月31日初版発行　　　　　　　　　　　　　　　《検印省略》

魚食文化の系譜
（ぎょしょくぶんか　けいふ）

著　者	越智信也
	西岡不二男
	©松浦勉（編著）
	村田裕子
発行者	宮田哲男
発行所	㈱雄山閣

〒102-0071　東京都千代田区富士見2-6-9
ＴＥＬ　03-3262-3231㈹　ＦＡＸ　03-3262-6938
振替：00130-5-1685
http://www.yuzankaku.co.jp

組　版	創生社
印　刷	スキルプリネット
製　本	協栄製本

法律で定められた場合を除き、本書からの無断のコピーを禁じます。

Printed in Japan
ISBN 978-4-639-02099-8　C1062